母婴中国

互联网浪潮下的实体逆袭

包亚婷◎著

在人性和商业不断碰撞的激流勇进中，我们固执地探求。虽然十分笨拙，但仔细想想，着实蛮酷。

——包亚婷寄语

中国经济出版社
CHINA ECONOMIC PUBLISHING HOUSE
北 京

图书在版编目(CIP)数据

母婴·中国:互联网浪潮下的实体逆袭/包亚婷著.
北京:中国经济出版社,2018.5
ISBN 978-7-5136-5161-5
Ⅰ.①母… Ⅱ.①包… Ⅲ.①妇女—日用品—零售业—营销策略
②儿童—日用品—零售业—营销策略 Ⅳ.①F713.32
中国版本图书馆 CIP 数据核字(2018)第 075384 号

责任编辑 姜 静
责任印制 马小宾
封面设计 久品轩

出版发行 中国经济出版社
印 刷 者 北京金明盛印刷有限公司
经 销 者 各地新华书店
开 本 880mm×1230mm 1/32
印 张 8.5
字 数 182 千字
版 次 2018 年 5 月第 1 版
印 次 2018 年 5 月第 1 次
定 价 68.00 元
广告经营许可证 京西工商广字第 8179 号

中国经济出版社 **网址** www.economyph.com **社址** 北京市西城区百万庄北街 3 号 **邮编** 100037

序一

母婴行业渴望一场救赎

年永威　母婴行业评论员

2018 年是我进入母婴行业的第 12 个年头，12 年一纪，地支一轮回。岁月在轮回中总会留下一些印记，犹如老树切面的年轮，记录下年月的芳华，也暴露着过往的莽撞，一个人是这样，一个行业也是这样。

2006 年，我初入母婴行业。当然，那时候并没有普遍的母婴行业一说，只是做奶粉的说奶粉，卖纸尿裤的说纸尿裤。大家都知道，母婴店真正快速发展也是在 2008 年之后，所以那时候母婴店成建制的不多，门店数量和营业规模也都很少。母婴行业更不像今天有这么多品类，大多数的消费者也更习惯到传统的超市购买母婴用品，购买最多的还是奶粉、奶瓶、纸尿裤。母婴店见得最多的无非也就是奶粉、奶瓶、米粉和纸尿裤。而且，母婴店的奶粉和纸尿裤的品牌一只手绝对能数得过来。

现在看来，那时候的母婴行业是那么的简单，那时候的母婴人也都那么的单纯。

还记得前段时间我在写《避免成为油腻的母婴人》时，还十分怀念刚入行时的诸多情景。

母婴行业，很多人是因为自己有了孩子才进入的，就连很多品牌商标、公司名称、母婴门店名字都是直接用自家孩子的名字。所以，无论是对待生意，还是对待产品与顾客，都充满了爱心与耐心，就像对待自己的孩子一样。

也有不少人一毕业就进入母婴行业，坚定地认为母婴行业是神圣的，无论对待产品、客户还是所服务的公司，都充满了虔诚，满怀职业理想，渴望用专业和真诚获得尊重和成长。

那时候，我们鄙视低品质的产品，也看不上那些母婴“老油条”的生存法则。

那时候，我们可以住着15块钱的小旅馆听着隔壁为制造未来的消费者而发出的躁动声，还努力想办法凝神静气思考着明天要做的事、要谈的合同。

那时候，我们为了选一个信得过的产品，晚上坐一夜车自己跑到批发市场去采购，回家后先给自己的孩子使用。

那时候，我们尊重每一个哪怕是来买20块钱一袋奶粉的消费者，如实讲解，耐心沟通。

那时候，我们一桶奶粉赚20块钱，却对厂家销售人员非常尊重，经常跟他们一起喝酒聊天交流感情。

那时候，同行就是同行，一镇多店依然可以和平共处。

然而，那时候已离我们远去，走着走着，就走到了现在……正如，很多人，活着活着，就活成了自己曾经鄙视的模样……

不知道从什么时候开始，母婴行业开始不那么纯粹，开始变得躁动，甚至变得充满了铜臭味和戾气。

有时候静下心来，看看我们所处的行业环境，面对形形色色穿着花哨外衣的产品，我们早已分不清东西，对母婴行业的是是非非，也早已讲不清道理。

现如今，我们住着几百块钱的酒店却经常会因拿到了1.5万元的订单而给自己加个足疗慰劳。

现如今，厂家送上门店的产品我们只关注利润多高，给自己孩子喝的却是店里不卖的不赚钱的品牌。

现如今，我们念叨着"8020"原则，只把买得多的买得贵的消费者当大爷，对那些买得少、买得便宜的即使是自己的亲大爷都心不甘情不愿地爱搭不理。

现如今，一桶奶粉低于100块钱的利润我们都不会把它放到货架上。厂家销售经理打电话叫着某某总，我们总是在门店的躺椅上跷着二郎腿说去国外开会了。

现如今，同行还是同行，而对面的那家门店却早已成了冤家。

所有的罪恶，始于利益，肆虐于欲望的膨胀，终于罪罚。

母婴行业欠下的学费，一个都没少地在加倍补交。母婴行业的罪与罚，也一直在经受市场、消费者、跨界竞争者的拷问。

母婴行业本是一个阳光的健康的充满爱的行业，我们却生生把剧本写成了爱恨情仇的江湖，不管是厂商、品牌、贸易商还是门店，都成了行走在江湖的大侠与剑客，每个人关心的不是行侠仗义、兼济天下，而是自己的英名与江湖排位。

在这种看似一派祥和，实则暗流涌动之下，新媒体伴随着互联网的崛起而发展起来，本书作者包亚婷和她的"母婴前沿"就是在这种背景下应运而生的。

初识亚婷，始于文字。那时候我正负责一家企业的母婴大客户项目，企业一方面做奶粉品牌的 OEM 项目，另一方面还有一个产业资本准备投资母婴零售企业，所以就格外关注母婴行业的一匹黑马——贝贝拉姆，也就自然关注到亚婷关于贝贝拉姆的文章。从《邢品玲：利用网红经济和社群营销，谱写贝贝拉姆式传奇》到《邢品玲：没空看电商平台作秀，实体母婴社群裂变让你措手不及》，再到《贝贝拉姆邢品玲：走“轻资产、重渠道”实业之路的第一人》，每一篇文章都给我留下了深刻的印象，亚婷不同于其他母婴行业媒体人，她用心去挖掘母婴人物的细微之处，用她特有的细腻和敏感视角去捕捉人物的独特方面，然后再用她温柔而非犀利的笔触去解读给读者。

亚婷在下功夫用心做内容，也就成就了不一样的“母婴前沿”新媒体的风格。

结缘亚婷，缘于公益。知道她一年多后，陆陆续续看了很多她的文章，对她和她的“母婴前沿”非常欣赏，也很是钦佩。但我们并不认识，直到有一天，在一个群里，作为媒体人的亚婷为小水滴公益组织的孩子们找苯丙酮尿症患儿需要的 PKU 配方奶粉，我正好知道我曾服务过的一家企业有这种奶粉，而且也在做公益项目，所以也就开始一边跟企业沟通，一边跟亚婷沟通。当时对方的公共事务负责人在国外出差，所以沟通起来也颇费了一些周折，整个过程，我和亚婷一直保持着高密度的沟通。后来，虽然这件事由于一些原因并未促成，亚婷和其他一些爱心人士自己花钱从其他渠道采购到了 PKU 配方奶粉，但我们却因此而结缘。

再后来，随着了解的深入，对亚婷和对她的“母婴前沿”有了更多的了解和认识。由于多年的工作习惯，我比较喜欢做行业分析和研究，偶尔也写写评论文章，这跟“母婴前沿”的深度挖掘母婴行业的定位比较也较为契合。所以，当亚婷邀请我做“母婴前沿”的评论员时，我便恭敬不如从命了。

作为“母婴前沿”的评论员，自然会对“母婴前沿”的很多文章进行深入的研究，然后再做出具有针对性的评论，因此也就对亚婷有了更深刻的了解和认识。“母婴前沿”不同于其他行业媒体，她对行业有着自己独特的视角和深刻的思考，有着作为独立媒体人的态度，对于行业发展过程中出现的问题敢于挑战，不惧困难，勇于打破传统的价值观和认知。亚婷还对母婴行业的人物挖掘和内容创造有着强烈的情怀和执念，她常常跑到企业一线调研走访，也常常跟各个层面的母婴人交流沟通，所以她的文章不造作不虚空，她写得很真切很深刻，读者也看得痛快！

亚婷生于灵秀江南，她看上去也的确是一个典型的江南女子，安静柔弱，清秀明亮。而在我眼中，她又是一个女汉子，刚毅勇敢，坚定执着，像极了一个行走母婴江湖的女侠！我常常说亚婷是一个奇女子，有时候像个婉约的才女，有时候又像个昂扬的斗士！

然而，就是这个女子行进在母婴行业的时候，却由于仗义执言和针砭时弊，常常会招致不同的声音，甚至谩骂与威胁。

我所知道的，当她揭露某个纸尿裤企业的微商团队虚假宣传、欺骗微商妈妈钱财时，其家人却被企业负责人所威胁。

当她去质疑某 B2B 平台售假和违规出售奶粉标签时，却被企业直接告到法院。因为“母婴前沿”曝光了产品出现问题和客诉处理不力时，却被企业质疑是被竞争对手利用。甚至，因为

“母婴前沿”的坚持内容原创和在同行协调公关时不屈服不妥协，还被一些媒体同行所不解。

还好，“母婴前沿”就是“母婴前沿”，坚持自己的写作态度，旨在重塑母婴文字价值。

包亚婷就是包亚婷，坚守媒体人的底线和良知，坚持行业媒体的内容原创和尊重事实。就像她在 2018 年新年致辞中引用的仓央嘉措的话：“与灵魂作伴，让时间对峙荒凉，我无须对任何人交代。”

当前的母婴行业，经历过工业革命式的大踏步发展，也经历过运动式的整顿与变革，正在经历消费升级和二胎红利。然而，我们必须清醒地认识到，这个行业还有这样那样的亚健康甚至小顽疾。所以，所有母婴人必须正视和重视。就如亚婷这本书中所写的这些人物，企业虽有大有小，但责任和使命都被他们牢记在心，坚守进入母婴行业时最初的善念。

写这篇文章时，外面正在下着 2018 年的第一场雪，这场雪比以往任何时候都来得要早一些，而且还下得那么深下得那么认真。但愿，母婴行业经过这场大雪的洗礼，也被亚婷和她的“母婴前沿”这样的新母婴群体的清流所救赎，回归最初的质朴和良善。

永威与你们共勉，希望在下一个轮回，遇见更多秉持爱善的母婴同行，一起走向更远的远方……

年永威

于 2018 年第一场大雪的冬夜

序二

人、心、行业与社会，母婴人被还原的真识

彭克　母婴行业高级研究员

世人受到乌托邦声音的迷惑，他们拼命挤进天堂的大门。但当大门在身后砰然关上之时，他们却发现自己是在地狱里。这样的时刻使我感觉到，历史是喜欢开怀大笑的。

——米兰·昆德拉：《玩笑》

这是“母婴前沿”一年以来的光荣，最了不起和最具里程碑意义的征程。经历了那些也许并不完美的岁月，现在终于可以找一个合适的位置，翻开这本描写我们母婴人的书，听听来自内心的声音。

和着这有温度的语言，在这个 2018 年伊始，让每个冬眠的人自己醒来，面朝大海，春暖花开。

其实，对过往深知，我是那个不太喜欢阅读人物传记的读者，个人习惯使然，也或许看淡了尘世间所有人的所有故事，人生的悲欢离合，生活中的起落，工作中的诸多不如意，一个团队

下的艰辛，每每有心里的感动，每每有着泪水的婆娑。“我看最卑微的野花都有意义，但在眼泪无法企及的地方深藏”。但只是忍住，看淡生活。

站在母婴行业的十字街头，多少人有话说，但其结果不过是几句戏谑，“君不见老庄经过流俗化之以后，其结果为白云观以静坐骗铜子的道士；易学经过俗化以后，其结果乃为街头摆摊的江湖游客；佛学经过流俗化之后，其结果乃为祈财求子的三姑六婆和秃头肥脑的蠢和尚。”看厌了行业的“吹捧”与“追捧”，只想做点事，只想静一静，但是立身于这个自媒体的时代，哪儿会有得耳根的清静。

社会之乱象，在各行业里都充满着一些冒牌的学者和社会运动家，母婴行业更是强者惶然叫嚣，弱者随声附和。

旧者盲从传说，新者盲从时尚，社会之浮浅顽劣虚伪酷毒，乃日不可收拾。母婴行业有多少人把自己摆在前台，和世界一切人和物在一块玩把戏；或者摆在后台，袖手看旁人在那儿装腔作势？局中设局，在一天就没有局外人，生活自身就是方法，生活本身也就是目的，生意场，交易场，也都是生活一场。

奶粉新政的初始阶段，有多少企业和品牌深陷于其中，在配方注册制的疑惑下，在飞行检查中的惶恐下，很多时候行业的人闭着眼都知道将要发生什么。这是一个媒体的高潮期，宛若那个时代的大字小报，充斥在街头，自我摇旗呐喊，美其名曰：“办事”。生活在文字的国度，语意竟如此丰富，鱼龙混杂，只是大多数人心里不说，正能量的声音总是有的，虽说来得弱，但总是来得坚强，并且来得这么不早不晚，而是刚刚好。

与“母婴前沿”包亚婷的相识，最初应该是缘于个人写的几篇文章，对行业浅层次的调侃，能引起包亚婷的关注也实属有幸。当然，也还要感谢我们之间的桥梁——母婴行业资深评论员年永威老师。我们亦不是圈子，亦不是团体，再大点说也谈不上事业，只是凭借着共同的兴趣和爱好，想为母婴行业做点什么。

读她的文章，尤其是人物，往往是由沉静中回味起的情绪，第一度情绪如洪水行潦，拖泥带水，第二度情绪如秋潭积水，清澈见底。在故事里，企业家看重一件事物时，我们可以读到他们的执着；在看轻一件事物时，我们也看到了他们的解脱。

于是我们看到了一个企业家所能做的比您想象的更多，每件事的因果和差错，并不是天上掉下来的，它一部分在物，一部分在你，还有一部分在企业家的努力和付出里。至高的美文在无所为而为地玩索，在认真时见出包亚婷的严肃，然后再显见出她笔下企业家的豁达。

下笔是情趣根源，刻画是艺术人生。

同包亚婷一起走访过几家企业，如第一次去陕西的和氏乳业、唐山三元，以及参加四季南山乳业的年会活动，算是有了一个更深层次的了解。“风行水上，自然成纹”。对于每一个企业家的采访，她功课都做得那么认真和到位；对于每个人物的采访，她比人物都了解人物。对采访对象的历史和经历如数家珍，对于他们的总结和提炼又是那样精准，冥冥之中使企业品牌的情界逐渐放大，在坦然应对中，令企业家的人生世相越发显得丰富华严。

诚然，这不仅只是文字的功底和力量，而是挖到了企业和人物最真实和最具人性的一面。

文字之与文学，存在于血和肉之间，存在于灵与性之间。这位来自南方的女子，似乎可以看到她身披铠甲，但内心却依然柔软，为行业安身立命。

在打击垂直虚假电商海拍客层面，多次亲自撰文，并不惜对簿公堂，还世间以公道，为行业树先锋；在母婴公益小水滴面前，又身先士卒，无私奉献，责无旁贷。

有人问我，如何形容你所认识的包亚婷，其实也不知道用什么样的话才能形容这位母婴行业的女子，只能借用美学大师朱光潜的一句话更为贴切："于此时，此身，此地，像草木虫鱼一样，顺着自然所给的本性生活，真正的美极为柔弱，却不可征服。"

逝去的一年，留得下的友情，如同凡是过往，皆给了序章。在一个不起眼的芳华里，难得有缘人相识，为生活开了个好头。这给工作在新的一年里打下了基础和方向，用一支笔与歌者歌颂，与母婴行业吟诗，为母婴行业传承，在纷杂的世界里，保持那种婴童般的可爱与精灵。

我仍然相信，"母婴前沿"不是树立偶像，更不是打破偶像，只是能于叫嚣扰攘的母婴行业之中，以冷静的态度，灼见行业世弊，给行业以深沉的思考；唤醒企业，从中规划方略，以坚强的意志，征服障碍，迎接可预见的未来。

2018，我们与母婴行业人在一起，为母婴行业人传递能量，为母婴行业人书写新篇章！

彭克

于 2018 年 3 月

目录

059 服务创新正当其时

117 纸尿裤的生态江湖

国产乳粉重振雄风

消费者对国产奶粉的信心缺失，来自2008年的三聚氰胺事件。10年过去了，这样的事件依然还在触动着人类最柔软、最脆弱、最敏感的心房。而对国产奶粉来说，奶粉行业不需要憋屈与怨妇情结，消费者也不需要逆天数据和亮丽的糖纸包装。乳粉企业只需要兢兢业业做好产品品质，用质量来说话，用时间成本去解决信任问题。就如奶业协会会长所说：“如所希望的那样结束了，历史又将翻开新的一页……”

红星郑俊怀：

当红星奶粉遇到郑俊怀这个“倔老头”

终于见到传说中的“中国乳业教父”。他的手心很软，握起来带着一股精气神。当他不断向媒体道谢的时候，谦虚的微笑洋溢在整个会场，他就是郑俊怀。这个68岁的“倔老头”，还在乳粉舞台上做着关乎中国宝宝安全口粮的大事。他视中国奶粉的安全为己任，在台上铿锵有力地介绍他的新产品——欧贝星有机奶粉。

郑俊怀：我的人生只有“奶粉”这两个字

30年前，身为伊利的董事长，郑俊怀大刀阔斧地进行股份制改革，把当年固定资产40多万元、年利税不足5万元的伊利发展成为全国大型乳业集团，其净资产总额增长了118倍，销售收入增长了79倍，利润和税金分别增长了69倍和

红星集团董事长郑俊怀

135倍。1996年，伊利成为全国乳品行业第一家上市公司，连续五年被评为亚商中国最具发展潜力上市公司50强。

现如今，伊利品牌位居亚洲乳业第一，跻身全球乳业八强，其在行业中的老大位置无人撼动。这对郑俊怀来说意义非凡：“我把人生最美好的时光奉献给了伊利，我感觉到非常圆满。”

离开伊利以后，郑俊怀受红星奶粉之邀，正式加入拥有66年品牌积累的红星奶粉。2009年，黑龙江红星集团食品有限公司落户牡丹江，郑俊怀带着全家老小从内蒙古来到牡丹江。为了子孙后代能喝上放心安全的中国奶粉，他在牡丹江一待就是7年，种草，养牛，建厂，生产……这个具备欧盟标准的全产业链有机奶的蓝图在郑俊怀的脑海里恢弘地展开。

双标认证，有机乳粉品牌里的“战斗机”

有关资料显示，2013年我国有机食品销售额达到238.2亿元。尽管我国有机食品的市场容量很大，但制约有机食品消费的关键是价格。相对于常规产品，有机产品的生产成本高、产量低。随着中国有机食品市场的发展和完善，有机食品也逐渐“飞入寻常百姓家”，得到了市场的广泛认可和消费者的喜爱。拿婴幼儿奶粉来说，“有机”已经成为新兴的发展趋势，是极具发展潜力的婴幼儿细分品类。有机奶粉市场蓬勃发展，品牌纷纷发力，目前市场容量已达 20 亿~30 亿元，年度增长率约为 20%。在未来三年中，有机奶粉的市场规模将达到 80 亿~100 亿元，而红星奶粉希望在未来能占到 10%的市场份额。

目前，红星旗下的欧贝星有机婴儿奶粉是中国唯一获得德国莱茵 TÜV 产品认证和中国有机产品认证的双标产品。2017 年奶粉配方注册制启动后，欧贝星有机婴幼儿配方奶粉成为首批名单中唯一一个有机奶粉品牌，并于同年 9 月获得欧盟有机认证。

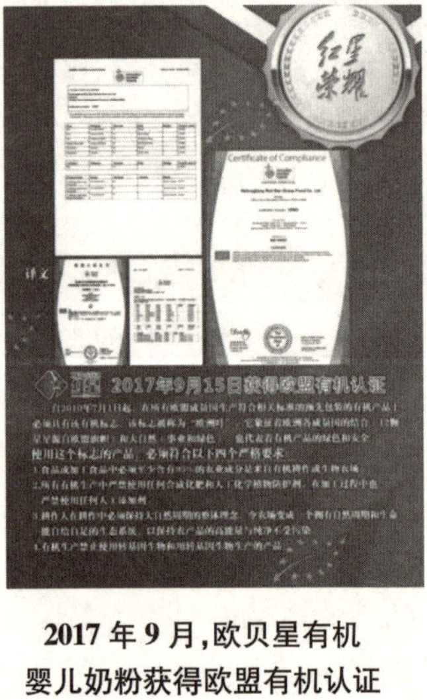

2017 年 9 月，欧贝星有机婴儿奶粉获得欧盟有机认证

众所周知，欧盟有机产品标准是非常严格的。据相关法规定，只有达到欧盟法所规定的有机食品标准的产品才允许使用“有机”一词，才被允许冠以欧盟绿色的“有机”标志。如果有机食品中的转基因成分超过 0.9%，则不管有机成分是否超过95%，都不能标注为欧盟有机食品。

为此，有机标准的地理环境显得尤为重要。2009年，涅槃重生的红星乳业在选址之时，将目光投向黑龙江雪城牡丹江。

牡丹江是“中国绿色有机食品之都”，地处世界公认的“黄金奶源带”——北纬45度，森林覆盖率达到60%以上。这里空气纯净、水源充足、土地肥沃，具备兴牧于草的自然禀赋，发展绿色有机食品产业更是独具优势。其中，世界最大的高山熔岩堰塞湖——镜泊湖、国内知名的林海雪原、童话王国中国雪乡等就在牡丹江。

于是，红星乳业在牡丹江市投资建设了国内首家欧盟标准的婴幼儿配方奶粉工厂。工厂引进全套德国GEA设备，并通过了具有146年历史的专业认证公司德国莱茵TÜV质量管理体系认证；配方奶粉中的乳清、乳糖等主要原料也全部是国际化采购。这标志着红星集团的管理达到了国际水准，更标志着红星有机产业的“欧盟高度”已然确立。

郑俊怀告诉笔者：“依托牡丹江的资源禀赋、国际化的有机全产业链建设，依托超前健全的市场战略，为中国消费者提供安全、营养的乳制品是红星人的责任和使命。我们的婴儿奶粉产品质量达到国际标准，经得起国家质检部门的任意抽检，经得起新闻媒体的追踪报道，经得起消费者质询，也经得起同行业的挑战。”

从牧草种植到牧场全程科学管理，连粪污处理都引进德国先进技术

红星集团自建的天野有机森林牧场坐落于奶粉工厂西侧 2 公里处。凭借优美的自然景色、科学的牛性化管理、真正的有机奶源，牧场被评为中国最美十大牧场，与工厂的近距离保障了牛奶最大限度的新鲜和香醇。

红星牧场

2016 年，红星集团引进荷兰优质牧草黑麦草及配套生产技术，实施牧草种植项目。黑麦草、澳大利亚甜高粱和本地青贮玉米种植，生产过程完全按照有机标准执行。为了提高牧草种植质量，红星集团将于 2018 年 4 月在牡丹江市翻整 2 万亩有机土地进行牧草播种。全程采取自种的方式，不使用化肥、农药、杀虫剂。遵循大自然规律，恢复到 20 年前的耕种习惯，全部采用人工除草、自然轮番。仅仅这一项，在原料上的成本就增加了 30%，而且产量也降低了许多。但是对红星来说，这一切都非常值得去做！

为了保证奶源的高质量，红星集团引进澳大利亚荷斯坦奶牛，设计存栏能力达到 3000 头。按照欧洲先进的牧场管理模式运营，邀请荷兰专家定期驻场进行牧场种植、奶牛养殖，坚持按照“牛的健康，牛的舒适，牛的快乐”饲养管理标准为牛服务。这种以青年牛天然散养、泌乳牛圈养的方式，使牧场里的牛生乳乳脂率达到 3.8%，乳蛋白达到 3.4%，各项指标均通过中国有机产品认证，牧场所产牛奶全部为有机生鲜乳。

红星欧贝星有机奶粉核心团队

众所周知，养殖场的污染问题不容小觑。于是在粪污处理方面，红星集团引进德国先进的沼气发电设备，用沼渣作为牛的垫床，用沼液作为优质有机肥还田。同时，红星还投入巨资兴建沼气罐，用于回收乳牛排泄物发酵后产生的沼气，实现沼气回收、沼渣沼液回田等。由此形成整个有机产业链的闭环良性有机生态循环，既对促进地方经济可持续性健康发展、保护生态环境产生了深远积极的影响，也为全国各大型牧场粪污无害化处理发电并网开拓了先例。红星成为黑龙江第一家粪污处理的奶粉企业。

于是，一个集种植、养殖、加工与生态观光为一体的国际化有机乳业产业链在牡丹江这片黑土地上孕育而现。

全产业链有机乳品矩阵呈现

除了生产保障100%的欧贝星有机奶粉外，红星集团生产的有机巴氏鲜奶、有机酸奶、有机零添加酸奶等产品的相继上市，特别是林海雪原有机巴氏鲜奶的问世，让广大城市居民都可以享受到高质量的健康生活。

红星有机巴氏鲜奶的主要成分为有机生牛乳，采用85%度低温巴氏杀菌工艺，能够瞬间杀死致病微生物，最大限度地保留牛奶中的有益菌等营养成分。低温储藏保质期仅仅15天，主要销往北上广深等一线城市，全程冷链空运，保证24小时新鲜直达，这让红星的产品矩阵又一次得到升华。在饲草料、奶源源头、原辅材料管控、生产加工过程、产品出厂批次检验、流通销售等多方面进行全程严格监控，红星产品质量指标完全符合并超过国家标准的要求，同时符合欧盟标准，真正秉承了“品质是一种信仰”的质量管控理念。

欧贝星婴幼儿配方奶粉

“为中国的婴儿宝宝提供安全、营养、新鲜、实惠的婴儿食品，成为中国婴幼儿奶粉市场未来的领袖品牌。”郑俊怀信心满满地说道。

成为全国乳品行业国际化有机全产业链的标杆企业，在未来三年销售额做到 20 亿元，成为国内第一家有机奶粉上市公司，既是郑俊怀的心愿，也是每个红星人对有机产品的情怀所在。本着曾经在伊利大刀阔斧改革的成功借鉴，此次郑俊怀在红星奶粉的大旗下呐喊，再次带领红星团队启动了通过经销商股权分享来实现销售额增长和成功上市目标，共享商业红利，这无疑给乳粉行业注入了一剂强心针。

打造消费者保障体系，实现品牌心智植入

从国产奶粉品牌的发展路径来看，在多年国际品牌的冲击下，国产乳粉品牌可谓任重道远，有机奶粉在消费者认知上更是难上加难。红星奶粉事业部总经理郑强表示，信赖是婴幼儿奶粉营销的基本前提，服务是获得顾客信赖的根本路径。为此，红星奶粉将通过建立一整套消费者保障体系和全程追溯体系来让有机产品曝光在消费者眼前，形成消费者的品牌信任机制。

除此之外，为了挖掘更多消费者对红星产品的认知，营销团队还启动了消费者社群营销、客户交流会、宝妈培训等，多维度地提升产品影响力。奶粉新政实施后，欧贝星营销总监耿世华提出进行市场大品类切割战略，给有机奶粉带来了前所未有的好契机。红星为此特地推出 408 克装的有机奶粉，并专门为门店导购开发新客传授增加品类后的营

销新技巧。相比之前的800克装奶粉，408克装奶粉不仅价格更能为目标消费群体所接受，而且体积更小，便于外出携带，更有竞争优势。

欧贝星营销总监耿世华

耿世华认为，如果导购总是跟消费者强调奶粉中含有“OPO”①“益生菌”等营养元素，无疑只是在普通奶粉领域分一杯羹，终究还是杯水车薪；倘若果断进行大品类切割，直接向消费者介绍自己的产品是有机奶粉，这将大大提高成交概率。因为通过大品类切割，有机奶粉的“机会”占了一半。在帮助门店提升业绩的同时，这种营销方式还有效地普及了有机奶粉常识，让更多消费者认同有机奶粉的比较优势，进一步塑造了自身品牌形象。

事实上，有机奶粉天生具备的比较优势，就注定了它的与众不同。然而，对于有机奶粉品牌厂家来说，在市场销售终端，还需要通过创新的营销举措，体现有机奶粉的真正价值。

从正式上市开始，红星欧贝星有机奶粉用了不到一年的时间就进入亿元时代，这个业绩对于一个新锐品牌来说实属不易。经过研究发现，社群营销在红星欧贝星有机奶粉崛起的

① 奶粉中的OPO是一种珍稀结构脂，它本来是P-O-P结构，后来通过科学手段转换成O-P-O脂质结构。OPO是一种接近母乳的成分，能减少钙皂的产生，帮助宝宝消化吸收。

过程中功不可没。

所谓“社群营销”，指的是厂家通过微信社交内容传播，让更多消费者、潜在顾客知晓品牌理念的一种精准营销方式。相比传统营销渠道，社群营销投入的人力、物力、财力相对更少，但效果更佳。根据红星欧贝星社群部提供的数据，2017年该部门通过社群活动为门店引流约3万人次，带动门店销售增长约160%。

红星集团奶粉事业部总经理郑强

2018年，除了产品和营销方式的探索外，红星集团奶粉事业部在总经理郑强的带领下将重点贯彻服务意识。即从整合营销角度出发，在营销链条各个环节上打造服务过程与内容，包括产品管理、广告、销售、经销商、终端店、消费者、售后服务等多环节。

在红星奶粉中国经销商大会上，郑俊怀振振有词：“我想用三年时间把红星奶粉做上市，让所有的经销商兄弟都能成为利益的分享者。”作为一家国际化有机乳业全产业链的乳粉品牌，红星奶粉一路走来非常不易，尤其在“有机”这条路上，更是非常崎岖坎坷。

可是，这一切又有什么关系呢？因为在郑俊怀的眼里，笔者看到了他对这片土地爱得如此深沉！

南山奶粉：

国粉复兴，缺的就是这种剥皮剔骨式的重生

当熊再辉铿锵有力地说“传承南山精神”，当吴建平、卜球、杨立新作为老南山人众志成城地接过这一棒，决心为南山的未来倾下全部力量并发力成为行业追击者时，我们也清晰地知晓了何谓“南山精神”。这是一种信仰，它集结了所有的原始力量，向一个磁场发力，并发生无限裂变！愿新南山既往不恋，纵情向前！

“为什么要卖房入股南山？”当笔者从熊再辉（前南山亚华乳业董事长）那里得知这一消息后，追问新南山的总经理卜球，他腼腆地轻声回道：“大学毕业就来到南山，做梦都能梦到它，它几乎承载了我整个生命的事业线，无他。”

2015 年底，熊再辉联系吴建平和卜球，问能否一起参与重组新南山，以合伙人的方式成立新公司复兴南山品牌，传承南山精神。对南山的感情从未泯灭过的卜球二话不说，转身

新南山执行董事熊再辉

就卖掉了自己在长沙的房子，而吴建平也当场拍板：只要是可以复兴南山，一定义不容辞。

2016 年初，新南山——四季南山营养食品有限公司成立。作为执行董事的熊再辉告诉卜球团队："大胆地去干吧，发挥你的营销专长，让南山重新成为行业追击者。"

2017 年奶粉新政实施后，南山旗下 3 个配方全部注册完毕，熊再辉告诉笔者："我的心里流淌着一条'南山'的河，它不起来，我总如鲠在喉。今天，酝酿了两年的南山全产业链矩阵终于可以大刀阔斧地上路，我放手让吴建平和卜球大胆地去干。我帮他们解决战略和资本，只希望南山成为新时代崛起的强大品牌。"

一念南山，三代情

1956 年，南山牧场创办，作为国家牧场，它获得了"社会主义建设先进单位”的称号。1979年南山乳品厂成立，作为国企单位，它开始面向消费者输出乳粉制品。那时候，爸爸的爸爸和妈妈的妈妈开始喝上了南山奶粉。1986年，国务院前总理朱镕基参观南山，纵横绵延80公里的南山乳业在1988年走出湖南，进军全国市场，并首战告捷。1998年，南山奶粉首次提出了“喝了不上火”的概念，并于2003年获得“不上火”认证。国内第一个乳品博士后工作站在南山成立，2007年，“南山”品牌就获得了“中国驰名商标”的称号，全年销售额达18亿元，乳粉市场占有率进入了全国前三名。

南山奶粉通过奶粉新政配方注册制

“南山”不只是一个奶粉的品牌，更是中华民族乳品行业的探路者，它见证了中国60多年的历史变迁，从风雨中一路成长。它更是中国乳业人的骄傲，是无可厚非的“中国乳业的黄埔军校”，在时代变迁中培育了熊再辉、陈远荣、孙国树、马文斌、杨立新等无数乳业精英，成为中国乳业的中坚力量。从南山出来的乳粉湘军都有当老板的天赋，他们雄心壮志，自建团队打造奶粉新品牌，在行业里创造了一个又一个奇迹。

拥有14项国家发明专利的南山奶粉曾是行业的翘楚，它生机勃勃并热情奔放。在中信资本全资控股的亚华乳业旗下发展得顺风顺水。直至2008年，三聚氰胺事件使所有的国产奶粉被重创，南山也难幸免于难，其销售额急剧下降。祸不单行，2012年，又一次“质量门”事件，让南山奶粉再次遭受重创。为了对中国消费者负责，亚华乳业忍痛召回全国价值1亿多元的奶粉并进行大面积销毁。从此，南山奶粉一蹶不振，在南山人的心里，那是一场永不敢回望的噩梦。

都说湖南人身上都有典型的“吃得苦、耐得烦、不怕死、霸得蛮”的湖南精神，在熊再辉身上也粒粒如数。作为“中国湘商行业领先人物”的熊再辉，他心里一直承载着“南山不倒”的信念。为了重组亚华乳业的资本结构和管理结构，让南山“干干净净”地新生，作为一个品牌的执行董事，他整整筹备了两年时间，到处奔走相告，重组亚华资产，着手对品牌和资本进行有效结合，让资本在新南山输出得更有温度，这才有了今天的四季南山股份制公司和“新南山”品牌。

新南山的全产业链矩阵

新南山重组成立后，卜球带领整个南山团队进行渠道销售和整合，四季南山旗下有婴幼儿奶粉、成人奶粉、辅食系列、营养包系列。其中，南山倍慧（哆赋、领赋）系列已经成功通过国家配方注册制，营养品倍益在李钟的带队下做到了全年2000万元销售额的骄人业绩。新产业伊始，李钟告诉笔者：

"我在南山结婚生子，这里有40%的员工都是老南山人。我们因为情怀聚集在这里，必须在2018年把南山干起来。"

亚华乳多宝工厂生产基地

目前，新南山在东北黑龙江生态区拥有占地面积数十亩的青冈亚华乳多宝工厂生产基地，那里空气容量大，环境质量好。2017年4月，新南山对工厂进行大规模升级改造，将原有亚华乳业的先进工厂管理经验、研发经验、质量管控经验带到工厂，坚守现代化精细化管理运营，并扩建湿法生产线和全网追溯系统，提升生产工艺，产品连续两年未出现任何质量问题。新南山并未止步于在国内建厂，在南山母婴论坛大会上，熊再辉对外表示新南山考察团正在欧洲进行调研考察，计划在希腊进行国外基地建设，并启动收购欧洲乳制品厂的计划，将优质乳制品销售至全球。

2018年，卜球带领营销团队计划把南山奶粉在全国铺货5000多家门店，销售额做到2亿元。其中，渠道营销人员会增加3~5倍，无缝链接母婴门店服务和经销商服务，增强终端服务理念，并着力打造祖辈坚守的根据地——湖南市场。“新南山必须要把南山精神和品牌理念相契合，做乳粉行业的追击军，我们不怕别人说我们钝。只要我们心中有信仰，就有力量。”卜球如是说。

湖南龏牧科技是亚华乳业和杨立新带领下的原御宝创始团队及营销团队共同入资成立的国产羊奶粉生产基地，这也是杨立新继“御宝羊奶神话”后的又一次征途。企业计划投资6.2亿元大力发展国产羊奶产业链，在羊奶上游建成两万只全球示范羊场和千只级示范羊场。

新南山核心团队（左起龙俊卿、段小君、吴建平、卜球、李钟）

在杨立新的世界里，一直有个“不死”的羊奶梦，对于龏牧的未来，他告诉笔者：“南山是我出生和成长的地方，也是父辈为之奋斗的地方，国产羊奶在乳粉市场具有得天独厚的竞争优势，我希望龏牧能成为新南山复兴的中流砥柱。”

新南山奶粉的消费者保障体系的全面建立也为品牌增分不少，企业重金打造实验室数据库管理，为了保证检验数据准确，采取制备质控样品、盲样检测、与外对标等专业方法进行多维度检测，把不合格的产品扼杀在萌芽状态。在消费者质量保障体系的终端维护上，必须做到第一时间识别、第一时间回复、第一时间跟踪、第一时间收集分析和自查。

重启复兴之路

新南山董事长吴建平 1993 年大学毕业后就扎根南山工作。中信资本全资控股亚华乳业后，2014 年吴建平临危受命成为南山奶粉的销售总监，一直坚守在南山的岗位上不离不弃。时至今日，作为“70 后”的他对南山的感情犹如“落叶归根”式的执念，南山不起来都无颜面对“江东父老”。

2004 年，卜球大学毕业后来到南山工作，激情满满，头年就在湖北宜昌买断当地商超的陈列权和促销区，将南山奶粉在宜昌地区的销售额做到了 1000 万元。卜球在南山见证了其最辉煌的时刻，2007 年，南山奶粉销售额达 18 亿元，正式进入国产品牌前三强。面对曾经的辉煌，卜球坚信新南山也可以做到。

乳业资深专家宋亮在新南山战略发布会上表示：国产奶粉崛起对乳粉人来说是一种责任和担当，未来除了把好产品质量关，优化营销渠道发展，还需要和消费者进行重度互动。中国消费者对国产奶粉的信心重拾需要南山等国产老品牌的努力和奋进。

为了更好地激励国产品牌复兴，宋亮在卜球的朋友圈留言：南山起，国产兴，江东子弟多才俊，卷土重来未可知！

作为以色列专注母乳油脂结构的知名公司领先油脂公司，其母公司以色列安塞科在婴幼儿专业油脂临床研究方面有将近10年经验。INFAT作为领先油脂公司的拳头产品，早在2008年就和南山奶粉公司展开了深度合作，把拥有七大功效的油脂OPO添加到奶粉中，让中国宝宝在拥有健康体质的基础上实现更充分的营养吸收。

面对新南山奶粉的高优质量，领先油脂公司首席科技官斯嘉丽曾在现场表示：婴幼儿配方奶粉的全年零售额410亿美元，其中45%来自中国。作为全球创新的高科技创新油脂公司，领先油脂公司旗下的INFAT融汇了全球最前沿专利科技成果，是南山引领母婴配方的重要组成部分。INFAT添加在婴幼儿配方奶粉中可精准模仿母乳中脂肪的组成、分子结构及功效。其独有的七大临床功效（减轻便秘，减少哭闹，促进脂肪和钙的吸收，增进骨骼强度，保护肠道健康，促进道内有益菌生长，夜晚安睡）像妈妈的爱，全面保护宝宝健康成长。

都说资本是无情的，特别是在商场上，从来只会“锦上添花”，不会“雪中送炭”。所以当笔者采访亚华乳业的执行董事（前南山掌舵人）时，就犀利地提问：“资本能给南山带来什么?”熊再辉用铿锵有力的六个字回复了笔者:“传承南山精神。”这就是乳粉时代最有力的温度。

在众多南山人的眼里，拥有了资本的助力和团队的满腔热血，在中国万千经销商和母婴门店的期盼中，除了一往无前重塑传承南山精神，已经别无选择!

愿新南山，既往不恋，纵情向前!

三元奶粉：

扛起国粉崛起大旗，国民奶粉实力担当

三元作为国民牛奶，依托首农的产业链优势，背靠三元的金字招牌，具备良好的湿法生产工艺和完备的检测中心，是该扛起国粉崛起大旗，成为走向世界舞台的乳粉代表了。用三元相关负责人的话来说，就是：吾等亦无他，唯手熟心诚尔！

2017 年 11 月，国家食药监总局公布了第 20 批婴幼儿配方奶粉注册名单，三元婴倍喜系列光荣上榜！ 此次入选，不仅是对三元婴倍喜配方和研发的认可，更是对三元奶粉坚持自有奶源、湿法工艺、基础研究、严苛检测等综合实力的认可，国民奶粉三元正在一步步走进万千百姓家！

表　三元婴倍喜系列简介

产品名称	注册证号	有效期限
婴倍喜婴儿配方奶粉（0~6 月龄，1 段）	国食注字 YP20170406	2022 年 11 月 5 日

续表

产品名称	注册证号	有效期限
婴倍喜较大婴儿配方奶粉（6~12 月龄,2 段）	国食注字 YP20170407	2022 年 11 月 5 日
婴倍喜幼儿配方奶粉（12~36 月龄,3 段）	国食注字 YP20170408	2022 年 11 月 5 日

注：唐山三元获得配方注册。

唐山三元核心团队

说起三元品牌，大家一定不会陌生。三元归属于首农集团，而首农在帝都老百姓心中有一特别称号就是“北京人自己的菜园子”，其中政府部门的采购大部分也来自首农。三元在首农的伟岸臂弯下茁壮成长，扎根于北京的大街小巷并辐射至周边省市，已然被老百姓热捧成“国民牛奶”。

61 年品质沉淀，只为一口放心奶

三元食品的母公司首农集团下辖国有全资及控股企业 64 家，中外合资合作企业 25 家，境外公司 2 家，员工人数超过 4 万人。首农集团在畜禽良种繁育、养殖、食品加工、生物制药、物产物流等方面具备得天独厚的优势，已形成“从田间到餐桌”的完整产业链条。在此契机下，三元奶粉更是依托首农集团强大的产业链优势和科研优势，坚持高标准、严要求、高品质输出，在婴幼儿配方奶粉质量安全大于天的今天，已经建立起全面、权威的质量保障体系，赢得了社会广大消费者的认可。

作为首农集团旗下的上市企业，三元奶粉隶属于北京三元食品股份有限公司，三元食品前身是成立于 1956 年的北京市牛奶总站，1997 年成立北京三元食品有限公司，2001 年公司改制成为北京三元食品股份有限公司，并于 9 月 15 日在上海证券交易所上市。唐山三元食品有限公司是北京三元食品股份有限公司的控股子公司，是三元食品下属两个具备婴幼儿配方奶粉生产许可证的企业之一，此次食药监总局公布

唐山三元食品有限公司

的三元婴倍喜系列正是由唐山三元出品。

作为国粉代表，三元当之无愧。62 年品牌积淀，三元是历次国家和北京市重大活动乳制品供应商。62 年品质坚守，三元奶粉在乳品行业智库多次消费者调研中均名列前茅。

全产业链不仅只为乳品安全，更是一份良知

三元食品旗下的北京三元奶牛育种中心，坚持科技兴企、科技创新，发挥自身科技优势，通过集成、创新，形成了具有自主知识产权的核心技术和畜禽良种繁育体系。奶牛良种繁育、胚胎移植、转基因克隆等育种前技术的研究为企业发展提供了有力的技术支持。中心饲养着“黑星”“林肯”“雷达”等拥有高贵血统的世界名牛，1999 年加拿大送给中国政府的国礼“龙”牛也在此落户，中心还有 1200 多头高产种牛，为全国 30 多个省市提供奶牛良种，成为中国良种奶牛的摇篮，被誉为“中国奶牛生物工程技术的旗舰”。

唐山三元产业链

三元奶粉所用每一滴奶源均来自国内最大的规模化、标准化、集约化的荷斯坦良种奶牛养殖企业——北京三元绿荷奶牛养殖中心。作为三元自有奶源基地，

三元绿荷在国内首创了 EDTM 现代奶牛饲养高产技术集成模式，旗下奶牛总存栏 5 万头，其中成母牛存栏 2.1 万头，年产优质原料奶 3 亿千克，奶牛平均年单产 9300 千克以上，最高达到 15000 千克，远高于全国平均水平，成为国内大群体奶牛高产之最。其原料奶指标更是超过欧盟标准，平均脂肪含量 3.6%以上，蛋白质 3.0%以上。绿荷奶牛的优质高产和其规模化安全有序的养殖、喂养全部经过绿色认证，无论青贮、精饲料还是苜蓿都经过了科学调配，确保奶牛吃得营养、吃得健康。这使得奶源质量得到严格控制和保障，从源头上解决了乳制品安全问题。

唐山三元检测中心

从北京三元绿荷奶牛养殖中心到唐山三元食品有限公司的生产车间，只需一小时冷链运输即可高速直达，既保障了环保和清洁生产的需要，又提供了安全高品质的原料奶。同时，三元通过引进全球最先进的生产设备，采用行业领先的生产工艺，对优质的原料奶进行湿法工艺生产，确保生产的每一罐奶粉都新鲜营养高品质。

为了严把奶品质量关，唐山三元更是耗资5000多万元引进国际最先进的全套检测设备，对奶品质量检验做到了“细思极恐”的地步。这栋独立的1500平方米检测中心宣誓着唐山三元的“国民奶粉攻坚战”的决心。检测检疫中心设有理化检验室、微生物检验室、仪器分析室，担负着集团全部原辅材料、成品、外来样品的检测任务。全员全过程全方位，从原料验收、生产加工到出厂要经过多道检测关，保证了产品质量的安全稳定。目前该检测检验中心具备了生鲜牛乳、奶粉、豆奶粉、灭菌奶、酸奶等一系列乳制品各项指标的全项检验能力，其中检疫中心大力投入研发人员80多人，仅检测项目人员就有50多人，微生物检测8分钟就能出结果。

从原料奶进厂车车检、项检，生产过程做到全监控，多达273项检测全覆盖原奶、生产、成品等各个环节的质量检测和监控标准，力求达到全球领先质量标准。为了挖掘人才潜能，助力产品安全质量，唐山三元与多家国家级检测中心深度合作，引进专家人才进行交流合作，其研发和检验生产灵敏度之高完全可媲美国家级检测中心水准。

首农集团匠心打造了一条奶牛育种—现代化养殖—乳品加工—物流配送的完整现代化乳业全产业链，其本心只为成就国民奶粉的安全和健康以及企业满满的社会责任感。

专注中国消费者服务：深入母乳研究和创新研发

作为被国产奶粉伤害过的中国消费者，三元食品一直在国产奶粉崛起之路上不懈地努力着，尝试用实力和品质来安抚中国消费者受伤的心。作为国内最先从国外引进高科技乳品生产设备的乳粉企业，三元奶粉建有国内乳品企业第一的博士后流动站，国家科技部“十五”重大科技专项“乳制品加工技术研究与新产品开发”课题中，实现了七项乳品生产加工中的关键技术攻关，其中4项技术获得专利。

2014年，在国家科技部和北京市科委的支持下，三元食品筹建“国家母婴乳品健康工程技术研究中心”，构建包括北京、河北、河南、江苏、湖南5个省市约20000条数据的母乳组分数据，选择722名哺乳期母亲及447名婴儿，纵向收集其母乳，全面覆盖初乳、过渡乳和成熟乳，将常规母乳营养素研究拓展到更加细微的母乳功能成分研究，该数据库是迄今为止最为完善的“中国人母乳成分数据库”。数据库包含宏量营养成分及蛋白质、氨基酸、脂肪酸、低聚糖、乳脂肪球膜蛋白、微生物组成等常规营养素和细微功能成分500余种，可实现地区、阶段、

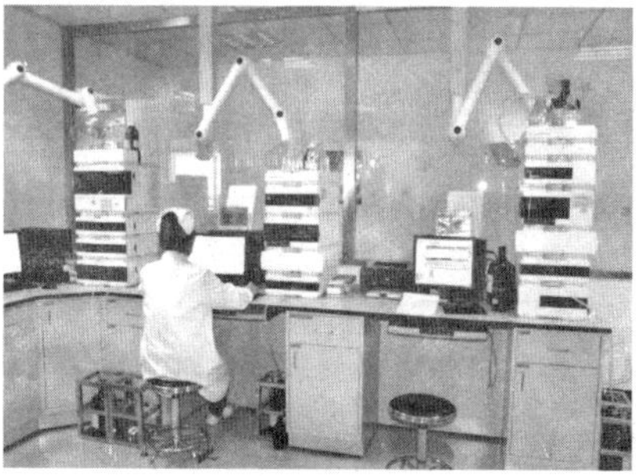

研发人员正在做数据采集

分娩方式、性别等近10种查询方式。

三元食品依托中国母乳数据库，建立从分娩到6个月的母乳喂养婴儿与配方乳粉喂养婴儿观察队列，跟踪调查婴幼儿生长发育指标和肠道微生物，获得婴幼儿肠道菌群、体格指标在不同月龄时动态变化的基础数据，分析婴幼儿生长发育、肠道菌群与喂养方式之间的关联。在对中国健康母乳成分进行深入分析的基础之上，婴倍喜婴幼儿奶粉研发设计出了适合中国婴幼儿健康成长的配方乳粉，助力中国宝宝的健康成长。

在首农集团种牛和奶牛养殖保障的基础上，在三元食品母乳研究和配方研发的支持下，唐山三元汇集了具有近30年乳业生产管理经验的以张泽高为代表的管理团队，坚守三元奶粉的高品质之路，坚持用谦卑、严谨的匠心和把消费者当家人、把家人当消费者的初心，严把奶粉质量安全关。

在采访时，唐山三元负责人张泽高多次提到："我们生产的奶粉首先得经得住良心的考验，才能经得住市场的检验。""如果工厂生产的奶粉自己家孩子你都不让他喝，你凭什么能让消费者选择？"笔者思量，正是这种匠心和初心，才缔造出了如此高品质的三元奶粉吧。

扛起民族乳企崛起的大旗，非三元莫属

2016年6月8日，国家食药监总局正式发布《婴幼儿配方乳粉配方注册管理办法》，旨在通过婴幼儿配粉的配方注册，与"一厂三品"的限制，解决婴幼儿配方奶粉配方过多、品牌

竞争无序、监管困难、质量事件频出、消费者信任缺失等问题。奶粉新政的实施，是对所有的婴幼儿配方奶粉企业的一次集体检阅，这次检阅既是对乳粉企业研发生产、质量控制、企业管理的全面考核，还给了那些坚持高标准严要求重质量的消费者导向的企业一次证明自己、实现品牌腾飞的机会。

过去，这些企业只会埋头搞生产，不懂营销和品牌借力，与那些在品牌营销方面长袖善舞的国外品牌和进口奶粉企业站在了同一起跑线时，失去了消费者口碑。而今，在奶粉新政的倡导下，国产奶粉品牌发展的新机遇再次来临，国产奶粉完全可以凭借其高品质在婴幼儿配方奶粉市场上与进口粉一决高下，甚至实现弯道超车。

拥有优质的奶源、现代化的生产设备、湿法生产工艺以及良好口碑的三元奶粉已经成为国产优质奶粉品牌的主要代表之一。借助配方注册的东风，三元奶粉有责任、有机会，也有能力抓住奶粉行业的这个战略机遇期顺势而为，扛起中国乳粉崛起的大旗，为中国宝宝提供健康营养安全适合的婴幼儿配方奶粉。

中国消费者内心需要的是适合中国宝宝的国产品牌的崛起，这是民族乳业发展所需，也是民众所期！所以扛起国粉崛起的大旗，三元就该义不容辞，这也是三元奶粉的责任与担当！

汇滋力沙漠有机奶：
国货奶崛起时，就看今朝

四天三夜深度调研汇滋力沙漠有机奶，其中的心路历程不是三言两语能说清的。我们盲目崇尚国外品牌奶，却忽略了国产奶的奋发。阅读下文后，请对中国奶业充满信心，因为他们的良知和情怀让人点赞钦佩。曾经跌倒，今日雄起，就已足够。

汇滋力总经理肖志华

四辆大巴车有序行驶在宁夏中卫的这块崎岖热土上，车上有来自全国各地的200多名母婴门店经销商，他们受国产新晋品牌汇滋力奶粉的邀约来这里参观位于腾格里大沙漠的天宁有机牧场。

在蒙古语里，腾格里意为茫茫流沙如渺无边际的天。它秉承大自然独有的馈赠，南越长城，东抵贺兰山，西至雅布赖山。对于传统牧场来讲，沙漠都是荒芜贫瘠之地，干旱严酷不易生存。但是腾格里大沙漠透水性好、日照丰富、温度高，植被生长茂盛，给牧场带来了得天独厚的地理优势。

天宁有机牧场

有机奶源牧场：牛比人金贵

汇滋力有机奶的生产地天宁牧场就坐落在这片沙漠里，接受着丰足的日照洗礼，又紧紧地依傍着母亲河——黄河，这不禁让人想起道学里的阴阳混沌体，也许天宁牧场就是那个鱼眼，正在静静地等待着有识之士的探寻。终于在2013年，天友黄河乳业为寻找天然有机奶源地来到宁夏中卫，经过多方位调研和评测，紧紧锁定天宁牧场，决心为汇滋力输送纯正的有机奶源。

这200名经销商需要经过两次专业杀菌消毒才能进入奶牛生产间。天宁牧业副总经理郑宏亮告诉我们，今天是天宁牧场最后一次对外界开放参观奶牛生活区，因为秋冬两季是病毒和疫情传播高发期，它们会关闭外界参观通道，最大限度地降低爆发大规模疫情的风险。在这里，牛比人更干净、更金贵。

两次消毒进入奶牛生产间

要知道，一头进口荷斯坦奶牛身价好几万元，平均每天能产30千克奶，但是惊扰到了它们，它们会因“心情不好”而减少产奶量甚至不产奶。

自动化奶牛生产间

于是在这座低密度养殖的散栏式牧场里，随处可见闲庭信步的奶牛，过着堪比人类还享受的生活，在每头牛平均120平方米的超大牧场里，奶牛们既可以在养牛棚中吃草料、休息，又可以在外面宽敞的沙地运动区随意活动。干燥的细沙就是奶牛的牛床，工作人员每天换三次沙子，确保牛床洁净，让奶牛每天享受日光浴的照耀，从而提高蛋白质转换率，所产原奶的营养价值也比普通奶提升了3倍。

荷斯坦奶牛运动场

为了保证奶牛健康成长，天宁牧业还专门为奶牛配备了高级牲畜营养师，执行专业的保健体系和卫生标准让奶牛“强身健体”。

天宁牧场占地1528亩，归属重庆天友乳业，是中国与以色列合作万头奶牛的示范牧场。这1万多头纯正进口的荷斯坦奶牛和娟珊牛，在这里“闲庭散步”，光“伺候得好”是不够的，还要“吃得好”。

为了确保奶牛能吃上有机高配餐，天宁有机牧场专门在沙漠里种植了4万多亩美国进口苜蓿和全株玉米青贮及桑叶树等奶牛牧草。天友黄河乳业副总经理罗黎明告诉我们：很多人说做有机农业的都是疯子，一句话“太苦太难了”。但是我们却坚持了下来：全程不使用农药、化肥、植物生长调节素等化学药剂，并引进“以虫治虫”科学杀虫方案，让绿植不沾半点农药。

带虫眼的苜蓿草

最令笔者信服的是，这里的牧草全部采用纯天然的牛粪施肥，让牧场奶牛排下来的粪便经过发酵再生系统处理，来灌溉这4万多亩苜蓿地，全方位有序地打造出奶牛饲料的牧草生态链。

4万亩有机苜蓿地

据天友黄河乳业总经理周正才反馈：为了种植出合格、纯净的奶牛饲料，其成本支出就比普通牧草种植成本高出了5倍。

全产业链有机制造，源于企业的匠心

在2017中国西部奶粉高峰论坛上，中国资深乳业专家宋亮就中国优质奶的表现做了精彩的演讲。他认为奶粉新政落地是中国构建食品安全新形象的起点，在新国货崛起时代，正是民族乳业的奋发图强时，特别是汇滋力这种新生品牌。以工匠精神种植牧草，从源头控制奶品质量，尤其重视配方研发，并进行全产业链制造有机奶。这样的乳品企业值得被推荐和进入中国万千百姓家。

这场围绕“新政落地，国粉崛起”的高峰论坛大咖云集，分享更是精彩绝伦，也让汇滋力有机奶总经理肖志华在心底吼出了一句誓言：我要让汇滋力成为国产有机奶第一品牌。

汇滋力总经理肖志华

也许底下很多人会嗤之以鼻或者窃窃私语，然而遥想19年前，马云在讲师台上声称要把阿里巴巴打造成世界一流的互联网公司时，台下很多人大骂他“神经病+骗子”。再看19年后呢？值得我们细细品味。

不要小看任何一款民族奶粉品牌的力量，尤其是汇滋力背靠拥有80年发展历史的老牌乳企——天友乳业。

立足“农垦品质，打造新国货典范”的天友乳业属于中垦集团旗下核心企业，集团先后通过了四大国际权威体系认证，还拥有4个国内一流的大型乳制品加工企业、39个原生态牧场、50万吨的年乳制品加工能力。全年产销高达30亿元，并在2018年有望突破50亿元，这是西南地区最大、综合实力最强，集牧草种植、奶牛养殖、生产加工、冷链物流配送、营销服务于一体的大型国有全产链专业乳品提供商。

奶源问题解决了，牛奶运输保质怎么做？2013年6月，天友乳业再度斥资2000万元新建冷链物流配送中心，实现有机奶源2小时锁鲜技术，杜绝二次污染。其年吞吐能力超过了30万吨，日发运能力超过了1000吨，为汇滋力有机奶打造国产第一奶粉品牌提供了强有力的后盾支撑。

全国200名经销商合影

这份来自沙漠的大自然馈赠，确实让汇滋力感觉“沉甸甸”，作为天友乳业旗下的核心品牌，汇滋力从牧草种植、奶牛育种养殖到冷链物流运输采用全产业链体系运作，在奶粉品质研发上更是“煞费苦心”。

汇滋力研发实验室

早在 2013 年，集团就拥有四条国际先进干湿法工艺奶粉生产线以及听装、盒装、袋装等终端产品包装生产线，并通过国际领先的低温分离、湿混工艺，全程锁定奶粉品质，让奶源营养不流失，安全输送到消费者手中。

在我国现行乳业行业标准中，原奶细菌数允许最大值为 200 万 CFU/ ml。但汇滋力有机奶粉菌落总数只在 1 万 CFU/ ml 以下，这种产品质量甚至超越了欧美发达国家的标准，让消费者喝得“心服口服”。

良知和情怀是国产奶崛起的风向标

众所周知，国外奶粉品牌是有政府补贴的，一罐 800 克奶粉在本国卖 60~100 元左右，经过跨境物流到中国才变成几百元。而国产奶业环境相对而言竞争激烈，只能靠自己的发愤图强来实现盈利，很多乳企因生产成本过高、经营管理不善而面临倒闭。特别是三聚氰胺事件之后，中国消费者更是对国产奶粉失去了信心，纷纷推崇国外奶粉，这样的市场环境让国外奶粉品牌赚得盆满钵盈。

但是消费者可知：那些外国政府只对本国宝宝负责，根本不愿意把奶粉卖给我们中国人食用，甚至在当地出台中国人限购奶粉罐数的政策（在德国商超，一个中国人只能购买两罐爱他美），尽管被如此歧视对待，国人还是通过多种渠道去购买这些国外品牌。这深深地刺激了中国乳企，更刺激了汇滋力这样一群有着企业良知和民族情怀的新兴国货奶人。

于是，在国家奶粉新政下，它们开辟了“国货奶崛起”的新路径，为制造中国放心奶开启了奋发之路。

众所周知，在中国，对婴幼儿奶粉的监管是以用药品监管的方式来进行的，对国产奶粉的质量把控非常严格。而奶粉新政实施后，国家对有机奶源进行了明确规定：严禁使用进口奶源。其受到环境和品质培养条件的制约非常严格，而进口奶源单单在运输过程中就无法保证其有机的高品质。而作为国产新兴品牌汇滋力明明知道这条有机路有多崎岖，却依然坚持多年有机高标准要求，可想而知，曾经的道路走得是何等艰辛、坎坷。

肖志华告诉我们：“我们希望天宁牧业在这方净土生产出来的沙漠有机奶，让中国的普通老百姓也能喝上，我们坚信中国的孩子更有权利追求健康和安全。”

婴贝儿创始人柳志林

服务于300多家母婴

门店的婴贝儿创始人柳志林告诉笔者："这次参观了天宁牧场和牧草种植地后，我坚信汇滋力的有机奶源绝对没问题，这是个良心企业，特别是亲眼见证了他们在峰会上的奶粉速溶性现场演绎。我做母婴门店生意10多年，最看重奶粉微量元素及来源。好的奶粉看其微量元素就够了，你看全国门店遇到的宝宝问题，有几个是缺蛋白质的？几乎没有。但大部分的孩子都面临着缺少某种维生素的问题。微量元素有多重要？打个比方，我们要盖一栋大楼，蛋白质含量就是沙土；矿物质、钙、铁、锌和酶等微量元素就是钢筋水泥；如果没有钢筋水泥，光有沙子是盖不成大楼的。我来参会就是想看微量元素的，当看到汇滋力奶粉展示的微量元素进口企业名单时，我是很感动的。名单上微量元素的供应商全部是成熟运用高科技生产微量元素的世界顶级公司，这些公司从不向市场和商业环境妥协，他们崇尚纯天然提取，对产品质量的把控更是到了'细思极恐'的地步。汇滋力跟他们合作，我就信服了。"

爸爸爱母婴连锁机构
创始人唐利

湖南爸爸爱母婴连锁机构创始人唐利告诉笔者："何谓匠心？匠心就是匠人之心，情怀之心。我和肖志华团队合作8年了，从相同的奶粉销售职业生涯开始，到现在拥有100多家母婴门店，母婴产业已然成为我们整个家族的心血产业。我绝对会支持汇滋力奶粉坚守有机奶源，用企业良知打造民族奶。这次来参会，我跟他们现场订货数十万元，二话不说就办款。凭的是什么？我们要找的就是这样的良知企业，跟他们合作我们很放心。我经常告诉自己：合作，产品其次，人品第一。作为门店渠道商，看到他们为国货奶秉承的极致工匠精神，让我坚信在母婴产业的庇护下，一定要和这样的民族品牌同生死，共患难。”

截至目前，汇滋力奶粉在全国20多个省市建立了200多家直接经销商的分销网络，以分销婴童渠道为基础，帮助客户解决母婴门店营销之问题，而不是单纯帮助门店销售奶粉。

汇滋力铁军团队

如何通过汇滋力奶粉有效嫁接门店和消费者的交互，以肖志华为首的销售团队可谓“呕心沥血”。就在2017年9月18日，汇滋力启动童商学院，用“一城多店一体化”的培训方式来为经销商和门店提供营销服务整体解决方案。并在当日启动消费者保障体系，通过店长集训营、消费者讲座、妈妈体验班等活动来引导消费者深度了解汇滋力珍稀沙漠有机奶的品牌心路历程。

团队彻夜长谈是家常便饭

黑格尔曾说过：真诚诚然是一个崇高的字眼，更是一桩崇高的事业。 如果人的心灵始于情感初衷去做事，那在心潮退却时依然会激荡不已。

沙蒿，蒙语名“芒汗·沙里尔日”，外号“沙漠之花”，是沙漠里最坚强的植被。 牛羊马都不愿意吃沙蒿，只有骆驼愿意食用它，并从它身上汲取生命营养，它们号称沙漠里的黄金组合，一路扶持共进：你坚强地生长，我勇敢地存活。

同理，当汇滋力把大自然的神奇馈赠——珍稀沙漠有机奶运送到中国百姓家，它无非是想表达：中国的娃啊，你们安心地喝，强壮自己的体魄。 健康长大以后，走向世界舞台，让世界因为你是中国人而骄傲。

杨立新：
惜别御宝，向天再借 10 年创鼻牧羊奶传奇

杨立新在羊奶行业的成就是有目共睹的：从销售底层做起，成就御宝羊奶 10 多亿元神话，再经历御宝百跃争夺战，最后悄无声息地离开并开创鼻牧新时代。一说到羊奶，杨立新就两眼放光。虽然他不具备工匠的素养，但是他绝对称得上是羊奶行业的“细思极恐”之人，因为他对羊奶有骨子里的信仰和虔诚。

杨立新

笔者第一次见到杨立新，黝黑的脸上有一种不甘心的执念和深不可测的疲惫，他眼角的每一道仿若年轮的细纹似乎都能讲出故事。

刚从御宝百跃事件门抽离出来，杨立新如释重

负。仿佛感觉自己紧握的那把沙子终于从指间轻轻溜走了，结局不差，但是也不尽满意。幸运的是，他还有御宝创始团队，以及对羊奶的信徒意念，他决定再给羴牧羊奶10年的奋斗史去谱写一段国产羊奶传奇。

御宝的前世今生

1998年至2004年，杨立新先后担任过湖南南山营销公司广西大区经理及西南区域销售经理，亲自见证过南山奶粉、南仔奶粉的成长、壮大以及没落。他在牛奶的大战中甚感乏味，用他自己的话来说：实在找不到破局的办法。于是杨立新选择了离开。

2004年杨立新和孟百跃在成都见面，而后孟百跃力邀杨立新赴陕西共谋乳粉大业，开始研究羊奶粉市场，发现羊奶因为膻味太重几乎没人要，很多奶农为了收益，都掺到牛奶里卖给工厂生产成奶粉再售卖到市场。而当时在市场上的羊奶粉品牌只有美可高特。

杨立新感觉自己找到了商机，于是为了调研羊奶市场，他从大连到深圳沿路了解羊奶市场需求，发现羊奶与母乳更为接近，并适用于过敏体质，最重要的是目前羊奶市场处于空白状态，更有潜力去挖掘品牌价值。于是杨立新的营销团队和孟百跃一起成立了御宝营销公司，孟百跃以个人名义占股40%，杨立新团队占股60%。

说干就干是杨立新最大的特点，投产生产第一笔资金已经开始“捉襟见肘”，公司的账面上只有 7 万元，能否让团队成员回家过个好年成了一个问题。 但是运筹帷幄的杨立新马上选择在 2005 年的平安夜开始了第一场产品上市订货会，企图希望这场订货会能够使他摆脱囊中羞涩的处境。 结果订货会只来了 7 个传统经销商，产生了 17 万元的订货额，但对杨立新来说感觉如释重负，因为跟他出来闯荡的兄弟们可以回家过个好年了。

2006 年御宝开始大力拓展渠道，杨立新尝试过很多招商方式，包括参加糖烟酒会，但效果都不尽人意，直到 2007 年参加 CBME 大会。 那时候母婴门店开始兴起，众多经销商看都不看价格就直接打货款，御宝一下子就成了热锅上沸腾的油。 订货量突如其来的扭转，让杨立新有些措手不及，甚至在一个月后还有经销商打电话来说：怎么还没给我发货？ 货款在 30 天前就办过去了。

那一年，御宝销售额 800 万元，可想而知杨立新团队忙碌的程度。 因为那时候的工厂还没达到自动化，杨立新就发动营销团队周末去工厂包货。 在羊奶的野蛮发展期里，很多大品牌不够重视母婴门店的渠道，在母婴店里的成熟品牌的毛利都非常低，部分甚至低到 2 元一罐。 而御宝呢，杨立新专门做出了一

御宝羊奶

个定价策略：让门店毛利润高达30%～40%，紧紧抓住了门店销售的心理。于是这40多人的营销团队轻松地撬动了全年800万元的销售额。

2008年三聚氰胺事件爆发，国产奶粉遭到前所未有的重创。而作为羊奶的新兴品牌御宝也未能幸免，它“光荣”地成为了三聚氰胺质量门榜单上的羊奶品牌。那时候，工商、食药监局、省厅都纷纷派人过来，团队所有的人都感觉到了一种“灭顶之灾”。2008年9月，国家领导人宣布：为了给百姓一个交代，9月14日后生产的奶粉必须全部拿去检测，9月14日前全部收回销毁。不死心的杨立新迅速启动了预警方案，花了45天时间一次性收回留在市场上的1300多万元的货，并第一时间把新生产的产品送去检测，把无质量问题的产品都贴了绿标和检测报告第一时间发送给经销商。当时也有少数经销商质问为什么不退钱，杨立新底气十足地说道：9月14日后生产的御宝羊奶没有任何问题，我们有绿标和检测报告。如果我们把货款退了，消费者就不能再喝御宝，市场损失将会更严重，这才是对消费者的不负责任。

在这45天的无差别召回计划里，有些经销商把喝了半罐的或者已经见底的罐子快递给御宝总部，杨立新二话不说直接给换，甚至有些经销商把别的品牌罐子送过来，杨立新都不言语。因为他坚信：出了这样的大事件，哪个品牌预警机制走在最前面，谁就能占领市场。

结果可想而知，御宝在三聚氰胺事件中脱颖而出。杨立新用自己的战略稳狠准地抓住了全国经销商的心，甚至因为此次事件培养出了一大批御宝的铁杆经销商，包括湖北襄阳的韩冰仅一年就能做400万~500万元的销售额。

2008年后，御宝每年销售额疯狂增长，2015年，仅御宝单品牌销售额就取得了3.9亿元的好成绩，2016年也实现了3.2亿元，御宝全品牌总销售额做到了9.7亿元。如果没有2015年到2017年的御宝百跃争夺战，羊奶第一品牌御宝的地位依然不可撼动。只是，那场争夺战，御宝单品仅收获了2.1亿元的销售额，其中1.8亿元是杨立新正式把御宝拱手相让前做出的最后一次业绩。

御宝争夺战正式拉开序幕

御宝和百跃之间的矛盾早在2015年就已初显端倪，其导火索就是孟百跃让他儿子在御宝营销公司担任常务副总职务，对一个没有任何营销经验的空降兵，遭到了整个营销团队的反对。自此，孟百跃一气之下，再也不踏进御宝营销公司的大门。

其实早在2012年孟百跃就开始注册百跃商标，并开始培养自己的百跃系营销团队。当2014年百跃旗下爱丽瑞羊奶粉参加京正的展会，进行上市发布会的时候，杨立新依稀记得孟百跃对他说："御宝做得那么成功，离不开你们的营销团队。我也想实践一下自己离开御宝团队，能否做出一个羊奶品牌。”回忆此处，杨立新眉头紧锁、若有所思，再次选择了沉默。

2016年，御宝的发展势头越来越强劲，杨立新参考了国内外优秀乳粉品牌的经验后，深感不做全产业链无法掌控羊奶的品质。他决定要为御宝打造全产业链布局，必须要先从养殖开始。于是为了寻找更好的奶源地，杨立新决定走出陕西，去全国各地寻找更好的奶源地，这导致其和孟百跃的矛盾变得“一触即发”并产生分歧。孟百跃当时建议可以从国外进口原料粉加工生产，但是杨立新认为国外的羊奶价格无法掌控，坚持御宝团队即使面对再大的困难也要自己养羊，保证国产羊奶的质量。

就在双方僵持不下的时候，奶粉新政给了孟百跃一把很好的利剑，新政规定奶粉品牌必须由具备生产资质的工厂注册配方和申请。孟百跃试图通过不注册御宝来和杨立新决裂。但是面对自己辛苦养了12年的御宝，杨立新告诉笔者：我们必须要让这个品牌活下去。

于是御宝团队多次和孟百跃沟通尽快申请注册御宝配方，但是孟百跃却迟迟不肯行动。于是杨立新营销团队集结了媒体进行争相报道和跟进，尝试给孟百跃施压。杨立新为此还在湖北襄阳召开了经销商六大承诺的发布会，希望借此让御宝全体系10多个亿的盘子能继续活下去。在媒体和社会舆论的施压下，也在陕西乳协、工信厅、药监局等机构的调解下，孟百跃花了1.2亿元买下了御宝，如此双方才达成一致：杨立新的营销高管全部退出御宝，全国各地的子公司团队保留，孟百跃终于拿到了御宝100%的控股权。

这并不是杨立新想要的结果，他跟笔者表示：我们本希望御宝能回归到自己手里，让他茁壮成长，因为我们传承给了它优秀的基因。

分析御宝品牌能在乳粉市场快速崛起并成为国产羊奶第一品牌的原因，是和杨立新的共享精神分不开的。御宝旗下的所有子公司全部采用股份制合作方式：子公司团队占49%股份，御宝占51%股份，每年享受分红的同时只要达成御宝规划的战略目标还能再拿提成。而法人、财务、员工都是子公司自己招聘，御宝总部不得干涉。杨立新只抓两个鱼眼：回款指标和利润指标。

这样的战略规划直接让御宝子公司团队深感责任和义务重大，能不能出业绩直接关系到自己的利益。

除却责任到子公司，御宝还为子公司统一输出管理就是设计好顶层设计和机制，提供客服呼叫系统、技术支持、业务支持、培训系统、供应链系统和营养师育儿专家落地培训等整体服务解决方案。御宝坚持自己培养骨干，再安排到全国各地成为子公司的负责人，从来不空降高管也是其一大特色。

“一荣俱荣，一损俱损”的管理战略直接让御宝业绩较好的子公司仅年底奖金加分红就能拿到900多万元，超过70%的子公司（一共60多个子公司）每年都能获得300多万元的纯利润。

自然地，对于御宝的业绩考核和激励机制，其他同行也效仿过，但是均以失败告终。

犇牧款款而来：用 5 年时间做 10 亿元

目前中国是全球最大的羊奶消费国，也是全球奶山羊存栏数第二大国，2018 年，羊奶产业预计将达到 60 亿元的规模。杨立新离开御宝后，带着这颗不死的心决定重踏羊奶征程，他坚信国内目前没有特别出彩的品牌，犇牧羊奶非常有机会。

在湖南城步这个山清水秀的地方，杨立新在这里养了 6000 头羊，每天亲历检测鲜羊奶的变化。他告诉笔者：为了建养殖场和生产工厂，他已经投入了 2 亿元，“城步的自然环境和生态环境非常适合养奶山羊，同时这里也是我的故乡。我会花 3 年时间进行奶山羊种群改良，争取在这里有 3 万到 5 万只羊，这样中国的消费者就可以喝到放心安全的羊奶了。”

犇牧羊奶

杨立新坚持自己培养专业团队进行专业化养殖，大的面积达 2000 亩，最小的也有 300 亩，他希望能用这几年时间研究出专业的养殖模式，再发动社会群众一起来养羊。他希望用

10 年时间把彝牧打造成全球一流的羊奶粉养殖场。

彝牧工厂和养殖场

“现在的乳粉市场环境已经变了，彝牧能用 5 年时间做到销售额 10 亿元都算不错了，再用 5 年时间做好彝牧全产业链整合布局。 这样，中国消费者就能喝上真正的国产放心羊奶了。”杨立新如是说。

城步的冬天草木枯黄，但是杨立新的内心却是“波涛汹涌”。 御宝 12 年，在杨立新看来这是父母对孩子的一种感情，是融入血液里的沸腾感和凝固感。 而今，御宝已去，未来已来，彝牧又是杨立新的第二个孩子。

2018 年新春过后，彝牧中老年奶粉和酸奶就要启动上市了，作为对乳粉上游渠道和下游市场的最了解，并已饱经风霜的人，杨立新即将踏上新的征程……

和氏：

从“羊文化”到“家文化”，这里80%员工任职8年以上

和氏是“母婴前沿”新媒体团实地调研的第一家羊奶企业，新媒体团在调研中收获很大。和氏羊奶的“家文化”做得非常好，全员打拼使销售额稳健翻倍提升。然而，和氏不盲目转型投资，而是二次投入引进先进技术再造血。国产奶粉如此努力和真实，是值得被称道和宣传的。

和氏董事长刘安让

2017年10月26日，和氏投资1.2亿元在陕西陇县打造中国最先进的2万头良种奶山羊养殖示范基地。业内人士纷纷表示：天时地利不如人和，和氏练桩多年已出师，内功里集结了元气，是到该发力

的时候了。

众所周知，目前乳粉市场还依然有90%以上份额被牛奶粉所占据。羊乳虽然目前只占据小众市场，但随着中国消费者的认知改变，以及国产乳粉品牌的崛起和国家二胎政策引来的人口红利，羊奶的发展速度甚是惊人。其中，全国羊奶粉90%以上都来自陕西，奶粉新政实施后，仅陕西省就有19家乳制品企业取得了婴幼儿配方奶粉生产许可证。乳粉界“红利期”正是百花齐放、大显身手的时候，话说乳粉品牌“小荷露尖角”的真不止和氏一家。

可惜的是，2015年声名鹊起的关山奶粉一直消弭于质量门事件，近日频频被媒体诉诸笔端的羊乳第一品牌御宝又出现了品牌门事件，羊奶圈一度热闹非凡，被业内津津乐道。

用“随风潜入夜，润物细无声”来评价和氏一点也不为过，这个在陕西拥有两大高寒川生态牧场和六大现代化标准养殖基地的乳品企业，一直在低头做事，不问结果。

亚洲最大的智能化羊奶粉生产线

据悉，和氏2017年全年销售额已经达到10亿元，其中，2/3的销量来自羊奶粉。而在启动2万头良种奶山羊养殖示范基地之前，和氏就已经在加紧部署“内造血”能力，不惜耗资10亿元打造和氏7万吨级羊奶智能生产线，为国人喝上每一滴纯正羊奶而进行着不懈的努力。

这条亚洲最大的智能化羊奶粉生产线一如参观通道展示的羊文化一样：它不仅是一只羊，更是以图腾、美德、文化般的精髓在历史长河里传承体现，影响着华夏文明的进程，善良、义气、奋进、知礼的中国传统羊文化正在带动着和氏企业的不断发展。

和氏智能化生产线引进了德国、美国、瑞典、英国等国际一流设备供应商的生产设备，同时配备了时尚最先进的法国盖亨的干混生产线。并采用 DSI 蒸汽直喷灭菌发声器，实现了最大蒸汽直喷瞬时灭菌工艺，灭菌率高达 99.5%以上，维生素等关键营养成分留存率达到 99%以上，实现了微生物的最小化，营养成分的最大化。

撰稿人实地考察和氏乳业

投资数千万元打造的和氏检测中心更是让人崇敬有加，其引进美国、日本等先进检测技术，进行蛋白质、脂肪酸、矿物质等共计 140 道检测，1696 项指标全面检测，确保产品合格率达到100%。

众所周知，羊奶刚问世时，因为浓重的羊膻味而不被消费者待见。为了让国人喝上一口纯香羊鲜奶，和氏采用先进的旋风分离技术，二次附聚及瞬间蒸发脱气除膻技术，让和氏羊奶粉成品做到颗粒均匀，凉水即溶，奶中再无腥膻味，尽显高端品质。

作为国内专业的羊奶加工试验示范基地，和氏全线车间采用药品及包装标准，并安装自动净化空调系统，空气洁净度达10万级以上，全程无菌生产。真真应了那句“好羊奶和氏造”，所有出场产品都有二维码可追溯，从奶源到出厂时间一应俱全。

专注母乳研究，为中国人生产健康奶

成立于1992年的和氏一直专做精做奶粉，自主研发生产160多个品种婴幼儿食品，产品涵盖婴幼儿配方奶粉、婴幼儿辅食、成人奶粉、中老年奶粉等多系列产品。

为了让优质羊奶更贴合母乳喂养，和氏集团在北京、上海、西安、广州地区完成了超过800份母乳样品的营养素和免疫因子成分的研究，为羊奶智库收集了权威数据打下了基础。2008年，和氏研发团队联合营养学权威专家，针对中国宝宝营养所需，成立和氏母婴健康营养研究中心，汇集了西北农林科技大学、陕西科技大学的众多教授及研究生，从营养结构、奶粉研制、配方升级、母乳服务等建立全方位保障，并投入数亿元用于科研创新。

从天然牧场经营到规模养殖，从乳品研发生产到质量全程监控、终端销售和售后，和氏的全产业链正在有序进行，他们一直秉承“让中国喝上优质羊奶”的情怀努力做事，并在2016年启动周末消费者开放日，邀请全国各地的消费者来和氏进行全产业链参观了解。

在每年5~8月的旅游旺季，消费者参观人数累计达到5万人次。除却消费者，更有全国各地的经销商和代理商带团队来集团参观考察。“母婴前沿”网撰稿人也有幸参观了和氏集团旗下的神泉奶山羊养殖基地，那里的3000只纯种瑞士莎能奶山羊正在享受着日光浴：发亮的毛发，慵懒的身姿，迷蒙的双眼，偶尔逗弄旁边的小伙伴，实在是悠闲得很。

悠闲的奶山羊

八百里秦川素有“奶山羊之乡”的美誉。除了神泉这个现代化奶山羊养殖基地外，和氏在陕西杜阳、曹家湾、白牛寺、陇县等地均有现代化养殖基地。和氏严格秉承从牧场到工厂不超过2小时，保证优质鲜奶最快速度生产检测。早在2015年，和氏奶牛羊存量近5万头，自建了126个专业收奶站，真正实现了奶源自控、“不收社会一滴奶”的目标。

集团副总经理兼营销公司总经理冯建强告诉“母婴前沿”撰稿人：好羊奶离不开好奶源，拥有57万亩占地面积、素有“皇家牧场”美誉的关山草原也为和氏提供了纯天然的生态奶源基地，生活在这里的奶牛羊喝的是天然矿泉水，吃的是新鲜牧草。还有海拔2125米的云端高寒川牧场也位于关山山脉，是国内极其罕见的原生态牧场。这些陕西优质原生态资源成就了和氏的好奶源。

和氏乳业的灵魂支柱：家文化

在刚刚结束的2017中国农垦乳业联盟成员大会暨第六届中国乳业可持续发展论坛奶粉注册制与羊奶产业发展专场会议上，关于打造陕西千亿羊奶产业的话题引起了乳粉行业的热议。业内人士表示在未来5年内发展千亿羊奶规模是指日可待的。

当然这1000亿元应当是指种植、养殖、加工、销售全产业链的总营业收入。所以面对牛奶产业的奋发铆劲，羊奶企业的全产业链高效运作也是刻不容缓的。据悉，市场上也有很多“伪产业链”，而兢兢业业做产品、有商业格局的为数不多。和氏正是看到了未来羊奶市场庞大的市场战局，决定率先打通企业内部的“任督二脉”，以发力“羊乳大跃进工程”。这和员工对和氏董事长刘安让的印象相得益彰：目光长远，对产业及行业方向把控极其精准。

自然蜕变改造的过程都是非常艰辛的，但是和氏的“家文化”却全力克服了这股力量。据和氏员工反映，和氏董事长刘安让非常低调朴素，全年往返于工厂和养殖场，一心扑在产品生产和研发上。平时开会更是少言寡语，但是目光犀利，言语一针见血，直指人心。员工对他的评价总体是：对于功名利禄，他无心揣摩；对于和氏产业，他坚信“一切用产品质量来说话”。

1995年就来到和氏的冯建强，属于和氏老员工了，他承担了和氏整个营销团队的组建和铺设，当“母婴前沿”撰稿人问其对和氏的感情时，一向健谈的冯建强显得有些腼腆：在和氏，生产和销售都是一脉相承。20多年来的和氏职业生涯于我就是一部荣辱与共的成长史。我经常告诉他们，把和氏当自己的事业去做，才会拥有属于自己的成功。

笔者后来陆续见了和氏多名渠道经理，发现他们都具有一种似曾相识的“和氏体员工”特质：内敛、实在、少言、足够坚硬，而且60%的和氏人选择了和氏以后就从未离开过。据了解，和氏80%的员工在和氏任职达8年以上，这在母婴行业乃至整个中国商业环境里都是极其少见的。

为此冯建强深有感触：上下脾性相投才能少说话多做事。而且我们现在做的是母婴产业，坚持几年不算什么，带着社会责任感的坚持最少需要 5 年。 和氏希望把好奶粉输送给中国宝宝，让每个中国人都能喝上放心奶、健康奶，是和氏成立 25 年来为之不懈奋斗的目标。

目前，和氏已然成为中国羊奶粉产业的主力军，它把工厂、渠道和消费者三者之间做到了无缝衔接以及深度黏合。刘安让的要求不高，他只希望和氏能为国产乳粉品牌再添一把柴，让中国民族品牌扎根服务于中国人再走向世界每个角落。

服务创新正当其时

在互联网浪潮下，实体经济一度被唱衰。笔者依然相信电商搅局只是实体经济的一个渠道显现，最终的结局还是线上线下的大融合。电商就像冰山，它的本源是水，而实体就是大海，最后冰山会慢慢地融化在汪洋大海里。面对现今实体经济的艰难和困顿，有些企业选择创新商业模式，还有些企业选择精耕渠道，而有些企业却在坐以待毙。笔者分享的这些居安思危的企业，在选择内造血、精细化运营和引进创新思维方面做出了表率。相信它们将会逐步摆脱实体困局，发展得越来越好。

析客房明：

一切不以母婴门店利益为前提的合作都是“耍流氓”

笔者在2003年看过海明威的《乞力马扎罗的雪》后，对豹子产生了一种不可抑制的崇敬。在欧洲文化中，豹子从来不是王者的象征，狮子才是大草原上毋庸置疑的王者。但是，豹子却是广袤大草原上真正的舞者，它用速度征服一切，用耐力和智力与一切成规积习相较量，独来独往是其个性使然。在母婴创业者房明的身上，我们似乎看到了豹子般的敏锐和执着。

房明，是析客创始人，接地气的“母婴实战者”。2010年，他用修正营养品实战切入母婴门店精细化会员营销，助力山东母婴门店销售额大幅提升。2016年，修正营养品两款单品在房明代理的5个地级市全年做到了7000万元的销售额，成为山东营养品市场销售的一个传奇。

析客创始人房明

人如其名，房明给人的第一感觉像个内敛害羞的小男生，但谈及析客的商业模式却如苔藓般厚重。单品销售7000万元的数据对房明来说不算什么。每每谈及于此，他都微笑以对。但这个销售额数据甚至比某些奶粉品牌的全年全省销售额都还要高。

这样的实战案例让房明在决定专注打造母婴门店智慧服务平台——“析客”之前就吸引了3000万元的天使融资。众所周知，在资本商业体系下，仅天使轮就能得到3000万元资本的助力，这甚至在电商圈里都是极其少见的。

析客相关负责人王巍娜告诉笔者：从他们做营养品代理的时候，我们就开始关注他们，并花了整整两年时间了解他们的团队协作和实战风格，最后我带着钱和人来到了这个不分白天黑夜的创业团队里。

对房明来说，析客是有别样情怀的。它旨在用傻瓜式的服务软件来全方位提升母婴门店的经营效率，让中国母婴门店不再有难做的生意。

四年终端实践，启用智慧服务软件

初见房明，他不善言辞，神情中似乎透露着小男生的腼腆。但是一谈到产品和市场营销，他就开始眉飞色舞，谈及兴奋处，还会露出那口整齐的大白牙，有点小扎克伯格的感觉。用跟他共事 8 年的同事谷晓东的话来说：别看外表很冷，内心火热，重情义，还是一头不达目的决不放弃的“倔驴”。

房明团队对析客倾注了整整四年调研和实践的心血，并探底挖掘 3000 多家母婴门店服务原型打造出了门店管理工具。四年不短也不长，为了找到门店经营瓶颈和突围方向，房明经常在母婴门店一蹲守就是 3 个多月，和门店老板以及导购讨论得“昏天暗地”。

房明帮母婴门店算过一笔账：一个门店导购能用脑记住并服务的会员最多不超过 100 人，这是导购脑力记忆的极限。在当下门店里，很多老会员半年不曾再次来消费，而老板和导购都未察觉，这直接导致了消费者的大量流失，更谈不上深度开发和挖掘新会员。

如果门店启用智慧管理工具，一个导购就可以服务 600 个会员甚至更多，摒弃纯粹的脑袋记忆，系统每天都会自动提示她应该服务谁。假设 600 人每月到店消费一次，导购平均每天也就服务 20 人，这对于一名成熟的导购是件很轻松的事情。更何况智能管理工具里面还有会员的消费记录、聊天记录、跟进记录和宝宝信息，她只需要做判断和跟进就可以。

综上所述，原来只能服务 100 人的导购可以增加服务 500 人，这 500 人里只要有 50%的会员每月每人消费达到 200 元，整月销售额就可以提升 5 万元。更何况现在的母婴店会员人均月消费都不低于 400 元。这样一整年下来，一个导购为门店创造的业绩最少都有 85 万~100 万元，这个数字是真实有说服力的，而且值得推敲。

实体大回归，会员才是门店最大的财富

2008 年初，母婴门店如雨后春笋般兴起，短短 5 年时间母婴门店渠道占有率就达到了 90%以上，商超已经无法为消费者提供专业孕婴知识的对接和阐析，以致逐渐失去了母婴市场。但是近几年，电商冲击愈演愈烈，母婴门店的黄金时代从 2016 年开始就危机重重，很多母婴门店纷纷去线上大平台开网店，又或者专门打造电商团队开通微商城，以为这样就可以打通线上线下 O2O 布局体系，试图挺过实体危机。

殊不知，线上的消费者流量成本在电商的惯宠下已经高达 300 多元/位。流量成本越来越高，流量质量越来越低廉，而且盲目的线上架构渠道，只会加速培养线下门店顾客的网购习惯。最终原本钟情于门店消费的会员落脚点不是在门店设置的微商城里，而是导流到了阿里、京东、苏宁等综合电商平台里，母婴门店只能落败而逃，失了钱财还丢了客户。

析客团队

为此在 2013 年，房明团队扎根母婴门店精细化运营命脉，深挖母婴门店潜在需求，发现 60%以上的门店老板的经营思路和 80%门店员工在会员二次消费的潜能挖掘上依然停留在 1.0 时代。他坚信“会员才是门店最大的财富”，必须通过门店、员工和消费者的三维嫁接才能让母婴门店提升销量，走出困局。

母婴门店精细化运营的深入实操

2014 年，房明习惯用数据分析理论来丰满母婴门店的销售业绩，坚信“一切不以母婴门店利益为前提的合作都是‘耍流氓’”。希望做出一款便捷的傻瓜式的门店管理软件来提升门店的精准会员营销，从而促进销量转化率。由此，“析客”门店精细化会员营销管理软件应运而生。

2014 年年中，析客 1.0 版本正式面市，这款软件从门店会员梳理开始，再进行会员智能推送、员工和消费者深度互动，让门店经营从以商品销售为导向转移到以客户服务为导向，成功地实现了母婴门店从产品思维到客户思维的转变。

析客母婴店智慧服务平台 Logo

2015 年，山东枣庄的一家门店从原来的 1 家店在应用析客门店管理软件后不到一年就扩展到 5 家店，全年销售额做到 1500 万元。最让人折服的是房明旗下的营养品订货会，4 个地级市 380 个代理无一缺席，现场订货打款额就达到了 1000 多万元。其中聊城的一场 150 个客户参与的订货会，现场达成合作的成交率就高达 80%。房明为此算了一笔账，用了析客软件，99% 的客户能在三个月后再次进货，这个数据实在喜人。

同样的成功案例发生在山东济宁的一家母婴连锁品牌，旗下 20 家母婴门店，其中两个单品一个月的销售利润，超过了整个系统内其他 6 个品牌同样两个单品的全年销售额。这让这家母婴连锁机构的负责人非常感恩：析客的精细化运营秉承的是“激活老会员，服务新会员”的宗旨。以前门店新会员转化率只有 15% 左右，现在能达到 50% 以上，老会员的黏性消费也提升了 50%，确实蛮神奇。

成功是由背后无数的努力催化而成的，为了实现越来越多的母婴门店从知识的输出转变为整体营销方案的输出来迅速启用析客，房明和他的铁军团队开始了全国的母婴门店扩张征程。他们一家门店一家门店拜访，风里来雨里去，通过引导教育说服他们启用析客这款门店管理软件来售卖母婴产品，并应用运营管理软件结合线下推广活动来输出品牌营销理念，为门店销售额的提升注入了强心剂。

让中国母婴门店没有难做的生意

据不完全统计，中国约有30多万家母婴门店，大部分分布在三四线城市和乡镇，说服这些母婴门店进行精细化会员管理，是一件又累又苦又耗时的活。特别是对于这些曾被忽悠和被骗，处于商道相对闭塞环境中的门店老板，需要的是超强耐力式的感同心，以及坚持不懈的引导来感化他们。

笔者曾多次追问房明为什么要做析客。这样的类似软件市场一抓一大把，而且收费高昂还带有忽悠性。他只是不厌其烦地告诉笔者：如果你深入到母婴终端，就会发现门店老板在一线市场的挣扎和无奈，我想为母婴人做点实事，在我还微不足道的时候。

于是他拥有了骨子里的坚守：让母婴门店用上析客，提升销量转化率，保持动态可持续发展，当然能让门店“起死回生”再好不过。

2017 年，析客智慧服务软件已经更新到 5.0 版本，通过析客 BOSS 端、导购助手、微信服务窗口等大数据融合技术，为母婴门店提供精准会员营销、客户管理、员工绩效、发展策略等全方位支持。析客全方位营销解决方案立足终端服务，高效输出，帮助门店深度挖掘精准会员超 1200 万多个，综合消费力提升 200%。截至目前，析客已经服务超过 5000 余家母婴门店，门店销售业绩提升 30%；超过 10000 名导购在熟练使用平台化软件，单月销售收入提升 50%。

房明告诉笔者：析客在 2018 年计划通过 200 个全国城市合伙人覆盖 20000 家母婴门店，我们不做时代的狂妄者，只想做母婴行业的耕耘者。

电商虎视眈眈洗礼实体门店，资本野蛮人也开始侵蚀实体市场。内外夹困，对母婴实体来说是挑战也是机遇，因为方法总比问题多。母婴实体门店需要变革重生，而析客绝对是这场变革的助推者。

绿康宝宝李利展：

小儿推拿是一项暖心事业

绿康宝宝小儿推拿的创始人李利展是个很有个性的姑娘，她只想传承中医世家的文化精髓，完成爷爷这一辈未实现的梦想。事业需要有信念支撑，无论事业大小，在自己的心里永远都是伟大的。

绿康宝宝小儿推拿创始人李利展

“容邪之地必是最虚之处”，这是李利展经常挂在嘴边的一句话。补虚调理是中医文化之精粹，不容小觑，风、寒、湿、热之邪都是趁虚而入，侵及腰脊，影响气血的运行，导致痹阻。出身于中医世家的李利展一直秉承中医阴阳调和疗法，让自己的小儿推拿事业蒸蒸日上。

这个年轻姑娘的脸上有着同龄人少有的坚强和倔强。她身材瘦弱，思维敏捷，笑起来仿佛无邪的邻家女孩。谁也想不到她就是洛阳家喻户晓的绿康宝宝小儿推拿创始人，她对中医的医术造诣已经到了炉火纯青的地步，哪怕迎面走来一个陌生人，只要抬眼一看，就可以根据对方的面相和形态看出他体内隐藏的病患，探析到对方饮食起居的某项不规律。还可以通过一张照片看出一个孩子的体质和身体状况。

中医世家精湛医术传承，专注小儿推拿调理宝宝健康

绿康宝宝在洛阳的体验店生意门庭若市，所有的客户前来推拿都必须提前预约，最忙的时节接待人次高达300，而前来推拿的孩子基本都是从0~3岁开始坚持到十二三岁，其用户黏性和忠诚度高达100%。2006年，李利展单枪匹马创立绿康宝宝小儿推拿，既当老板，又当员工，还随身摘记推拿创新手法，经历了11年的风雨洗礼的绿康宝宝小儿推拿茁壮成长，已经成为国内知名的有中医世家精湛手法传承的宝宝健康调理引领者。

作为李氏中医第八代传人，李利展的小时候不曾拥有同龄孩子那样天真无邪、快乐玩耍的童年。作为中医世家的李氏家族，在她的爷爷那一辈经历“文革”后，家道中落，一贫如洗，而爷爷却依然傲骨，坚持给病人看病不收钱，获得了当地很多老百姓的爱戴，很多患有疑难杂症的病人慕名前来就医，

爷爷高超的医术总是能让他们起死回生。李利展从小受到了爷爷的影响，对中医极具天分，喜欢跟随爷爷给病人看病诊断出方子，并在爷爷的耳濡目染下，从小只跟医书和药方子打交道，3 岁就对“三字经”和药方倒背如流，经常抱着医书睡觉。

李利展 7 岁那年，爷爷从外面带来了一个周身长满脓疮、皮肤溃烂、恶露不停的病人，这个病人本来想找个地方上吊自杀被爷爷劝下来带回家治病，那个病叫“老鼠疮”，西医学叫“皮肤淋巴癌”，所有的医院都无法医治，而爷爷却用自己秘制的方子酒在皮肤溃烂处，烂肉立马自动脱落，新肉重新长出来，伤口慢慢愈合，就这样治了三个月，那个一心求死的病人周身不再溃烂。当地的人民医院听闻此事，想要花 120 万元买这个秘方，被李利展的爷爷严词拒绝。他告诫李利展：有钱是祸，李家的子孙后代必须要靠自己的努力获得财富。

于是，祖辈的颠沛流离和小时候的清贫让李利展从小立志要成为一名跟爷爷一样有精湛医术、不被财富所捆绑的名医。

绿康宝宝走过 12 年，在李利展的世界里开花散叶

2004 年，中医医学院毕业的李利展在河南当地医院实习，经常看到西医给生病发烧的孩子打针，还开了一大堆的西药让孩子服用，孩子哭得稀里哗啦，一旁的父母在那悄悄抹泪，一个普通的感冒发烧让孩子又输液又吃药，药的副作用暂

且不说，孩子的生长发育也会受到很严重的影响。年轻的李利展非常纳闷：为什么不尝试用小儿推拿呢，我们中医博大精深，如此安全简单的绿色疗法完全可以治疗孩子的这些常规病啊。

于是李利展第一次有了想要自己创业、开办小儿推拿馆的想法，但是理智很快战胜了感性：自己只是一个医学院刚毕业的小姑娘，而小儿推拿是一门深奥的中医理论和专业的中医推拿技术结合的实践课程，孩子的身体是敏感而脆弱的，必须要有专业的中医理论和精湛的小儿推拿技术才可以创业。

2005 年 4 月，在医院实习两年后李利展来到河南省中医药大学第一附属医院拜师学艺，追随河南省推拿协会中医名家高清顺，学习专业的小儿推拿手法。一年以后，又去武汉中医院和青岛中医院进修小儿推拿理论，学习中医推拿诊断。

2006 年，李利展以祖传推拿手法为基础，汲取三字经流派和脏腑流派推拿手法的长处，形成了一套成熟的中医推拿理论体系，独创绿康宝宝小儿推拿手法。

绿康宝宝小儿推拿在河南洛阳成立，那年的李利展只有 20 岁，她如履薄冰，却对未来无限展望。刚开业，没有一个人来咨询，小儿推拿这个词对洛阳老百姓而言是很陌生的。于是李利展打算不再坐等客来，主动出击，她带着一个员工背着一张小床去当地的小区做免费体验营销，30 分钟体验不收钱，觉得当时有效果就可以办卡来店里推拿，就这样坚持了三个月，绿康宝宝一炮而红。现场的孩子感冒流鼻涕只要推拿

30 分钟，就可以止鼻涕；高烧不退只要推拿 30 分钟，当晚就可以不发烧，连续推拿三天就能痊愈。

绿康宝宝小儿推拿体验和员工培训

李利展的精湛推拿技术让家长们见证了中医小儿推拿的神奇，他们纷纷办卡，要去店里预约调理。那时候的李利展没有推拿师，就凭她一个人一天接待 28 个小孩，一次半个小时，从早上 7 点到晚上 11 点才下班，虽然辛苦和忙碌，但李利展获得了从未有过的成就感。

2008 年，在当地职工医院 B 超科大夫的引见下，绿康宝宝和医院合作，在医院里设置了小儿推拿科室，后来又辐射到了社区门诊推拿科。在前来推拿的孩子和家长的口碑相传下，绿康宝宝在当地声名大振，回头客络绎不绝，很多孩子在刚出生的时候就在这里接受小儿推拿，坚持不吃药就可以强身健体，而当孩子上初中后，父母还依然要求继续在绿康宝宝做推拿。李利展为此经过深入研究发现，7 岁以上的孩子容易有脊柱侧弯、扁桃体发炎、肠系淋巴结炎、过敏性鼻炎和遗传性鼻炎等陈旧性疾病引发，于是她独创脊柱保养手法，专门为大龄儿童提供推拿护理服务，倡导绿色健康疗法。

目前，门店的一半顾客都是跟随绿康宝宝十多年，坚持小儿推拿，不吃西药的家庭。

严加盟，细耕耘，以培训独特推拿体系手法为主导，引领小儿推拿先进经营管理理念

小儿推拿店的员工流动量大是困扰李利展很久的问题，很多员工学会了手法以后就选择离开，自己开店或者跳槽。如何留住人才，并让其和企业发展保持契合是李利展绞尽脑汁在思考的问题。2010 年，李利展开始着手员工培训和手法更新来培养精英员工。为了更好地激发员工忠诚度，保持店内的用户良好体验感，她把小儿推拿分为看诊师和推拿师进行协作服务于客户：看诊师通过望闻问切来给孩子开方子，推拿师再根据方子给孩子进行推拿，分工明确还专业。这里的看诊师非常重要，类似医生的角色，李利展严格要求必须在绿康宝宝工作 5 年以上才可以成为一名合格的看诊师，这样既有效避免了员工流动，而且工作流程非常规范有序。

位于洛阳300平方米的体验店生意越来越好，10多名推拿师的工作表总是被安排得满满当当，一个月平均接待1500人次，门店一年能创收400万~500万元。而李利展面对这一切成绩并不自满，为了增加用户体验感，绿康宝宝又引进了小儿游泳和产后修复等母婴服务项目，正式成为一站式孕婴综合服务平台。

绿康宝宝在精湛的调理手法和完整的培训以及运营机制管理驱动下，企业发展日益壮大。生意的大获成功让李利展开始思考商业模式的发展瓶颈，如果只是自己不断地开分店，势必让自己的渠道下沉过重，资金压力后期会很大。一个念头萌发而生：为什么不做加盟呢，这样可以把专业的小儿推拿调理方法推广到全国，让自己祖辈流传的精湛推拿手法得到很好的传承，也让全国的宝宝和妈妈享受健康调理服务，这不也是爷爷的博爱胸怀的体现吗？

于是，李利展带着绿康宝宝下市场，召集了13家母婴店做现场演讲，结果当场就有10家母婴店老板与其签订了加盟合同。两个月后，这10家加盟店就达到了收支平衡，开始盈利。开师大捷，让李利展信心大增，于是绿康宝宝开始在全国招商加盟，省份覆盖到河北、河南、山东、安徽、浙江等地，加盟队伍越来越大，李利展开始通过社群进行线上开课，要求加盟商每周参与线上分享管理经验和临床经验，提升内部竞争力。线下定期回访，严格要求加盟店老板和看诊师在门店操作中每周更新一次技术，每月更新一套手法。对此，绿康宝宝倡导“严加盟，细耕耘，以培训独特推拿体系手法为主导，引领小儿推拿先进经营管理理念”，从而使绿康宝宝小儿推拿在母婴行业独树一帜。

口碑相传，让绿康宝宝小儿推拿的光环日益璀璨

对于儿童的治疗性气管炎，若采用西医吃药治疗一般要 7~15 天才可恢复，在绿康宝宝这里只要经过专业的中医推拿 3 天就可以止咳，7 天就可以恢复，全程绿色疗法，不使用药物。如果是病毒性发烧，西医治疗一般是需要输液 3 天，才可以抑制住发烧，但随后会出现流鼻涕、咳嗽、喉咙积痰等症状，这个时候西医会开出一大堆药物进行配合治疗，7~10 天后孩子的体质才会恢复正常，但在这期间，因为疾病和药物的原因，孩子生长发育是停止的。但如果使用中医小儿推拿，一般 3 天即可退烧，坚持推拿两三天后体质就可以恢复正常。

对此，李利展表示：很多人对中医的神奇力量感到困惑，其实中医是强调由内而外的调理，古人云“阴平阳秘，其病乃治”，扶正人体正气，同时将病毒排出，是阴阳调和的一个辩证过程，是非常具备科学依据的。西医则倡导药物治疗和手术切除的方式，如果长期服用药物和抗生素，会导致体内的免疫系统被破坏，人会越来越容易生病。近年来越来越多的儿童因为发烧感冒去西医院治疗后就变成了尿毒症、白血病，这些都与抗生素的滥用有很大的关系。

绿康宝宝小儿推拿收获顾客的感谢信

通过小儿推拿这项事业，李利展在生活中收获了很多朋友，她其中的一位顾客是当地外国语学院的日语老师，其孩子在两岁多的时候就得了特异性哮喘，同时对花粉和毛绒玩具过敏，她带着孩子走遍了全国知名医院都没有治愈，一个偶然的机会，儿科医生建议：你可以去尝试下小儿推拿。于是这位老师带着孩子半信半疑地来到绿康宝宝，那天，孩子妈妈告诉李利展说孩子一年有360天都在吃药，而且必须随身携带呼吸机，怕出现气喘住院。李利展通过望闻问切，给孩子做了第一次小儿推拿，第二天孩子没有出现气喘的现象，然后李利展要求孩子必须坚持一天推拿两次，并严格控制饮食，连续7天孩子都没有出现气喘。就这样，坚持推拿半年以后，孩子玩宠物也不再过敏，特异性哮喘完全消失。为此，孩子的妈妈非常激动，拿着李利展的名片和绿康宝宝的彩页到处宣传，口碑相传的结果就是：外国语学院的 268 户家庭瞬间成为绿康宝宝的忠实用户。

李利展害羞地表示：其实我不懂如何去营销绿康宝宝的品牌。很多时候都是我的顾客在这里坚持推拿后，又介绍另一波顾客来，他们比我都还着急，总问我：这么好的小儿推拿怎么可能没有人需要？小儿推拿是博大精深的中医文化的体现，是自带光芒的，它是一种绿色疗法，可以让我们的下一代生活得更健康。

截至目前，绿康宝宝小儿推拿在全国已拥有 5 家大型直营体验店和 168 家加盟店，已成为国内第一家专业的小儿推拿综合服务平台。未来的路很长，李利展的绿康宝宝在爷爷的细语叮嘱下，为了成就这个世界上最美的暖心事业而不断努力着……

母婴天下李湘菊：

在母婴事业里寻找慧根，除了信任别无他法

这是最好的时代。那些在事业奋战中永远相信别人的人，更懂得感恩时代。笔者在李湘菊身上看到了草根母婴人的奋斗史，他们用勇者无畏成就了自己的母婴王国。愿母婴行业多一些这样勤恳、奋进的母婴人，他们才是母婴界的中坚力量。

在采访李湘菊之前，笔者特地做了人物调研，大部分母婴人描述她是一个很厉害的湖南妹子，经商老练，做事果敢。

母婴天下创始人李湘菊

终于，笔者在母婴天下的办公室见到了李湘菊，她的开场白语气温柔，言谈间透着俏皮和细腻，偶尔说到开心

事还会哈哈大笑，完全是个性情使然的小女子。不由得让笔者想起佛法《大乘义章(四)》：于法达观，目之为根，慧能生道，故名慧根。

作为一个不懂技术，也不懂互联网的人，李湘菊已经在零售终端门店扎根15载。2014年5月母婴天下刚成立，胆大的李湘菊就开始打造大家都不敢轻易涉足的S2B2C母婴整合链平台，这种“走火入魔”式的执念令她打破了母婴事业中的一个又一个桎梏。

问及今天的成就，她只是轻描淡写地把一切归结为只是运气好，并自嘲：文不能提笔，武不能上马，也就目前这份激情了。

笔者思量：这是一个有慧根的女子。

从郴州母婴店老板到母婴天下掌门人

2003年，李湘菊在郴州开了第一家面积不到60平方米的母婴门店，凭着自己的热情和执着，门店生意火得不得了，遵循着所有母婴连锁的惯用路径，她在郴州这个地级市拥有了15家母婴门店，成为当地的母婴门店“地头蛇”。

2012年，京东3C产品在线上商城卖得非常火爆，很多门店消费者正在逐渐向线上商城转移，因为购物的便捷让他们跃跃欲试。于是，李湘菊马上感受到了商业气息，为了让那些不方便来店里购买产品的客户也能成为门店的会员消费者，李湘菊火速找到了成都的一个软件公司花费 10 多万元在线上开通了 PC 端的“爱心世界”母婴商城，为顾客提供线上下单和线下送货上门服务。

商城初显，李湘菊又迅速组建了一个 12 人的线上运营团队，其中包含美工、客服、策划等专业人员。 6 个月后，“爱心世界”网上商城就正式上线了，上线第一天就迎来了后台四五百个订单，让李湘菊收获了成功的喜悦。 为了和线上综合平台展开竞争，李湘菊在商城送货速度和客户服务上狠下功夫，一时间商城知名度在郴州一炮打响。

在郴州一个小小地级市，李湘菊的网上商城知名度越来越高。 但是，随着线上注册用户的增多，李湘菊发现用户下单率在不断下降。 当从之前的百分之七十降到百分之二十的时候，李湘菊迅速调取后台数据，发现商城的 SKU① 太少，产品价格跟其他平台相比没有优势，导致客户的下单率在疯狂降低。 这让李湘菊很苦恼，她原来以为保证正品，送货及时，售后服务好就可以了，但是网上商城的运作远远不只这些。

而随之而来的技术外包也让她遇到了极大的挑战和困难，当商城决定启动一个线上捆绑促销方案时，总因为技术外包而导致延时上线，从而错失了最好的促销时间。 这让李湘菊非常痛苦，但是骨子里的不服输让她决定“一条道走到黑”。

---

① SKU(Stock Keeping Unit),即库存量单位,它是库存进出计量的基本单位,可以件、盒、托盘等为单位。

母婴天下不仅仅是一家 B2C 商城

于是她决定成立一个母婴商家采购综合平台，计划把母婴 SKU 产品做得比天猫和京东更全的 B2C 商城时，很多人都不认可她的做法，说她太冲动。

但是在湖南当地有一句口头禅，惟妙惟肖地描述了这个湘妹子的特点：吃得苦，耐得烦，不怕死，霸得蛮。思维和行动高度一致的李湘菊火速拿出了 300 万元初创资金，找了三个合伙人（技术总监、项目总监、运营总监）成立了母婴天下，欲打造一个 SKU 货品齐全、满足所有实体门店促销解决方案的 B2C 商城。

母婴天下 Logo

为了帮助母婴门店解决产品品类问题，更好地为消费者提供落地服务，2015 年，李湘菊启动 O2O 布局，为母婴门店启动线上商城服务，并用各种促销手段把顾客引流到当地门店消费。她坚信“线上只是一个服务工具载体，我们不是为了给他们培养网购习惯的，最好的服务是在线下门店”。

为了让母婴天下的商业模式更好地契合门店，母婴天下在全国启动了门店招商大会，招募更多的母婴门店加入这个线上平台。在这次全国招商过程中，也得到了另一位重量级人物——赵力的青睐。在母婴天下江西招商巡回站，李湘菊发现身为品牌方的赵力很有人格魅力，于是主动跑到北京和赵力长谈，希望和他共成大业。当时李湘菊不会喝酒，但是为了说服这个湖南老乡，李湘菊把白酒当开水喝得酩酊大醉，两人从此结下了深厚的友谊。

2016年，赵力从妈妈100出来，李湘菊找到他希望其加入母婴天下或投资母婴天下。基于对母婴门店深厚的感情及希望自己在妈妈100没有实现的愿望能在母婴天下实现，真正为母婴门店做贡献，在李湘菊说了一个投资金额后，赵力二话不说，当时就把款打到她的账户，那时候他们既没有签署战略投资合同，也没有任何字据约束。目前，赵力是母婴天下的董事，为企业战略布局和商业模式的打磨进行全程参与和指导。

“春天羊供货门”事件：受伤让我们更强大

说到母婴天下这个年轻的企业，不得不说前段时间非常轰动的“春天羊供货门”事件。2017年3月，母婴天下组织全国的母婴门店启用众筹的方式开了一场春天招商订货发布会，来自12个省的奶粉代理商现场下单订货4000多万元，母婴天下联盟大会就有400人参与，现场就收到了预付款900多万元。这次成功的订货会让母婴天下名利双收，同时也埋下了种种祸根。

作为“春天羊”品牌的蓝河创始人陈远荣认为母婴天下在裸价操作招商，决定单方面提出要调价才可继续合作。而以李湘菊为首的母婴天下却坚持为代理和门店争取利益，表示“君子一言，驷马难追，元旦前不能轻易让代理调价”。但是为了更好地合作，母婴天下也做了让步，表示除却发布会，新签约的代理可以按照新价格走。

但是这一方案没有得到蓝河的认可，为此“春天羊”发布会上的4000多万元的货款预订被腰斩。母婴门店前后只收到了订货会上对应支付的900多万元预订货款。剩下预订的几千万元羊奶货，蓝河不再发货，这让李湘菊痛苦万分。

作为一个母婴平台创始人，李湘菊非常重视信誉机制，决不能因为此事让她失信于代理商和母婴门店。为此经过久久痛苦思虑后，李湘菊召集所有的母婴门店商量对策：针对目前的境况，如果代理商不打算做“春天羊”，货可以退还给母婴天下，母婴天下照单全收，货款一一退回。如果代理和门店还想继续和蓝河合作，母婴天下愿意把资源和信息对接给蓝河，由蓝河直接跟代理协调合作，母婴天下将不再介入。

李湘菊告诉笔者：母婴行业是个很单纯的行业，服务对象就是妈妈和孩子，没有太复杂的人际关系。我是一个从郴州走出来的母婴门店老板，我创立母婴天下的初衷就是为母婴门店服务的，我也已经做好了承受这些始料未及的事情的准备。

在我心里，只要大家能爱惜门店，愿意去接触门店并理解门店苦衷，愿意替他们着想，我觉得不一定是我，别人只要能做到都可以上。

回忆起此事，李湘菊的眼睛里泪光闪闪，笔者不禁想起仓央嘉措的诗词：梦浅情深，蹚不过的河留给来生。繁花错落有序，我被一页一页地误伤。而窥视我的人，转眼便立地成佛。

虽然，“春天羊供货门”事件对母婴天下合作的母婴门店伤害很大，但自始至终却没有门店老板对李湘菊及母婴天下施加压力并加以指责。李湘菊对此表示：我很庆幸能认识他们，接下去我们仍然会共同调研并集采靠谱品牌，但我们会擦亮眼睛。感谢他们，让母婴天下更加坚强。

这家专注于母婴门店一体化、数据化信息建设和供应链优化的互联网公司在母婴风雨中铿锵前行。它秉承着“以助母婴门店行天下”的服务理念，以专业的行业思考、领先的技术实力、完善的供应链布局和丰富的落地运营经验，通过“一体化”“集中化”“数据化”“智能化”“移动化”工具和运营指导，帮助实体门店全面实现业务流程标准化打造，企业管控全面升级，运营效率全面提速和经营质量全面提升。

母婴天下是专业的“移动电子商务”平台服务企业和“一体化”ERP 智能管控系统服务企业，更是高性价比的优质供应链服务平台。截至目前，母婴天下已为 200 多家母婴连锁企业、3000 多家母婴门店服务，帮助门店间接服务 100 多万妈妈会员，是“中国互联网+母婴行业”的重要力量。

截至2016年年底，母婴天下全年销售额达到1亿多元，60多个人的团队至今没有一个人离开。李湘菊经常自嘲：文不能提笔，武不能动刀，但是我的身边总有一群高手在帮我。我看人不准，但我始终相信人。我觉得相信的力量很强大，强大过一切，但也有可能带来伤害，不过再大的伤害都只会让我更强大。

在李湘菊的办公室里挂着一幅曾国藩的名句：胜则举杯相庆，败则舍命相救。也许在她的世界里：敢爱敢恨，随性洒脱就是她多年行走母婴江湖的必备武器，自然这样的人深具慧根，总是会给别人带来好运气。

聚创科技邓彬：
以佛悟商，以商度人

邓彬就是这样一个喜静、悟道、戒傲性、定执拗，只跟自己内心对话的人，他具有技术大咖和商业精英双重身份。邓彬采用以佛悟商的模式，用自己的坚守和信仰让母婴人更坚挺地成长。

聚创科技公司创始人邓彬

2011 年 4 月 18 日，子时，佛教信徒邓彬，在五台山接受佛教洗礼，本授三戒：不杀生、不妄语（说谎）、不持恶，并以此为从商信条。曲吉那布是他的皈依号，寓意：圆满如意——功德圆满，方有如意！

就是这样一个喜静、悟道、戒傲性、定执拗，只跟自己内心对话的人，却具有技术大咖和商业精英双重身份。十六年前，技术人邓彬阴差阳错地踏入母婴行业；十六年后，他一手创建的聚创科技公司（以下简称“聚创”）成为专注为母婴品牌输出技术变革的行业标杆。依靠技术，白手起家的聚创创始人邓彬，在母婴行业默默沉淀了十六年。对邓彬来说，聚创承载了他所有的梦想和骄傲。

十六年来，作为国家高新技术企业的聚创先后为合生元、修正药业、新希望、喜宝、国贸、君宝康、施恩、卡洛塔妮、生命阳光等100多个知名母婴品牌提供了整体数字化营销系统解决方案，成为母婴行业数字化转型的基石。以核心技术、快速迭代和售后服务为核心竞争力的聚创，亦被多家合作企业授予“最佳供应商”“优秀合作伙伴”等称号。在轰轰烈烈的互联网技术大潮中，拥有多项高新软件著作自主知识产权的聚创，可谓是互联网时代的领头羊和移动互联网的先行者。

而商场如战场，聚创取得的佳绩并非一蹴而就的，正如自然生态圈层一样，到达食物链顶端是要历经机遇与磨砺的，更需要掌舵者的坚持、勤奋和修炼，不管是水利专业到互联网科技研发的跨领域转型，还是从技术界到商界的跨界攻占，大道至简，用邓彬的话来说：佛悟从商，一切了然。

一个工程师的蜕变

毕业于武汉水利电力大学的邓彬进入松滋市水利电力局工作，主要负责管理水力发电相关工作，虽然工资不高，但也悠闲自在。但或许是年轻人都有一颗驿动的心，自从1996年开始接触电脑时，邓彬就对这些新生的科技产品产生了浓厚的兴趣，开始自学计算机软件程序并琢磨着编写一些小程序让工作变得更加便捷，同时他还自学了计算机网站的局域网搭建，单位看到他如此用心，推荐他进修数学与计算机应用。也正是这次进修，让他在互联网领域的发展一发不可收拾。

让自己所学所想成为现实，是一件自傲的事。有了先人一步的互联网认知后，邓彬成为技术总负责人，同时负责一个与阿里巴巴和慧聪网早期同类型的B2B信息网站——中国五电网，掌握技术优势的邓彬站在了第一次互联网大潮的最前沿，华为、高德等上市公司都主动成为其第一批客户。但由于后期公司合伙人炒股失败撤出，一心专攻技术并未意识到商业运营的邓彬被打了个措手不及。可想而知，只专注技术不懂商业运作是无法在这个行业立足的，于是他毅然辞去水电局这份安逸的工作，2002年孤身前往北京寻找机缘。

孤胆英雄，北上寻缘

初来北京，邓彬凭借自身过硬的编码技术，成为国家烟草信息中心的技术工程师，参与设计烟草分销及追踪系统。为了强化知识体系，邓彬进入清华大学继续攻读精细化供应链管理课程，并接受国家建设中心邀请成为第一批帮助其建立物流编码中心的专家（用物流码定义每个产品的物流跟踪信息），参与国家物流编码标准的制定和实施。种因得果。转年，他与一名拥有千家服装直营店的老板兴趣相投。在了解其深受单一条形码限制，无法追溯产品销售情况，库存积压严重的情况下，邓彬专门设计了一套产品销售体系追溯系统：将销售端的数据及时反馈到生产端，通过技术追溯功能分析设计市场需要的款式，来配合工厂生产。根据这套研发系统，厂家每年的4亿元库存减少到了1亿元，销售额也同步增加了30%，这让服装店老板称赞连连。

聚创科技公司2016年获批高新技术企业

这套系统成为当时佛山市互联技术的形象工程，而邓彬也一举成为佛山科技局的技术专家，时常受邀前去讲授物流分销系统的技术变革，其时，同样受困于供应链分销链系统的美的、格兰仕集团纷纷慕名而来向邓彬学习。

将佛道植入技术体系，为合生元搭建分销供应链系统

2004年，合生元作为一个新晋品牌，一直为自己的销售价格体系困扰，串货乱货更是经常发生。当朋友向合生元创始人罗飞举荐邓彬时。邓彬还在各地做技术演讲，忙得不亦乐乎。罗飞对这款系统寄予了厚望，在与邓彬进行了多次交

流后，其坚信邓彬能够帮他用技术力量改变销售体系现状。自然，邓彬也不负众望，凭着多年专业领域的研究和创新，他梳理了目前合生元供应链的现状，发现经销商与厂家之间的通病就是：经销商不会将自己的实力尽数曝光在厂家面前。而想达到厂商一心，吸引经销商加盟并使用这套分销系统，厂家必先具有“我为人人，人人为我”的理念。

对此，邓彬在做技术系统布局时，提出了三点整改意见：第一，对经销商进行奖励；第二，帮助他们卖货；第三，主动打电话联系进行送货。此外，邓彬还建议合生元启动妈妈互动班，定期对消费者进行回访，并引导她们如何育儿；让合生元本着企业社会责任感多做社会慈善及捐助，和门店互通有无，并将这些成绩归功于门店。通过这一系列紧锣密鼓的举措，合生元的经销商毫无保留地选择跟厂家合作，积极使用分销供应链系统，进行有针对性的门店精细化会员营销让合生元后台获悉了最直观的销售实力与消费者情况。也正是这一拍即合秉承无私奉献的技术革命输出，使得合生元销售额大增，从每年的1500万元增长到7亿~8亿元。

从无到有，为德国喜宝品牌打入中国市场进行技术变革

和合生元的深度合作，让邓彬深感母婴行业更需要技术提升效率。于是他调整了企业发展方向，锁定为母婴品牌做技术变革和升级，让母婴品牌不再为终端输出而发愁。通过给合生元搭建系统这一战，有更多的品牌厂家前来购置系统进行

合作，但是邓彬坚持“宁缺毋滥”，在双方信任共赢的前提下选择优秀品牌来进行技术服务升级。

其中，与喜宝品牌的合作让邓彬对母婴产业越来越有责任情怀。2012 年刚步入中国的德国喜宝对中国市场很陌生，它在中国市场的布局形态也才刚刚初显。作为中国授权代理的贸易商经常无法得知渠道经销商拿货后的售卖情况，以致很多货物囤积在底层门店仓库之中成了滞销品。外加跨国贸易商的合作是需要按年订货，德国厂家是按时发货，但是中国总部对门店动销情况一无所知，旧货还囤积，新货却即将到岸。这样一来，底层门店的仓库积压量越来越庞大，即使降价出售也收效甚微，门店开始怨声载道。

针对以上种种现象，邓彬为喜宝贸易商定制了一套技术方案：系统客服部向所有妈咪会员智能推送促销信息，三日之内购买奶粉都可获得双倍积分，积分还可以抵扣现金。这样宝妈们核算下来，原先购入 12 罐才能赠送一罐奶粉，变成 6 罐即可获得赠送。于是宝妈们的购物意识被唤醒，蜂拥而至地到店购买奶粉，库存滞压的情况瞬间得到改变。聚创还为门店和经销商之间打通销售供应链系统布局，从系统后台可见营销方案的动态呈现，使得母婴门店的会员复购率高达 50%。整个销售体系迅速造血，渠道经销商的信心也被积极调动起来，使得喜宝奶粉大卖，一场小型经销商订货大会的订货量从最初的 50 万一跃上升到 500 万。

完美的合作方式总是会为完美的结果添砖加瓦，聚创为喜宝做的精细化营销系统及活动方案使得喜宝从无到有，打开了中国市场的大门，从产品销售的一筹莫展到全年 10 亿元的销售额。聚创的互联网技术打破了品牌发展的瓶颈，也迎来了更多母婴品牌的跟风合作。国产羊奶品牌欢恩宝也是闻风而至，与聚创合作进行定制化营销系统后销售额从 700 万元直接提升至 3 亿多元；2012 年聚创为修正营养品定制了全系统营销供应链全盘输出，修正营养品在那一年的销售额突破了 2 亿元。

这个技术码农，最爱别人叫他“灵魂工程师”

聚创，一个在互联网科技领域沉浮了 16 年的科技公司，在邓彬的带领下，已成为母婴行业资深而权威的技术集成公司，它注重软件开发能力和系统实施集成能力，致力于网络应用技术、条码数字化应用、企业信息化系统、网络营销软件开发、行业数字信息化应用、大数据精准搜索、会员精准营销应用技术等领域的研发工作。在“以技术成就商业”的理念引领下，力争以实现为每一个商业体建立属于自己的移动互联全营销大平台为目标，并首创了国内品牌营销新模式——精准营销、柔性客服的一体化解决方案。

发展至今，有口皆碑的聚创先后助力上百家母婴品牌打造出了自己的营销平台，而邓彬亦被业内称为技术服务的“幕后大咖”。他赋予了聚创“灵魂对话”和“技术互动”：“每一个系统虽然在他人眼中只是一个工具。但在我的眼中，它就像是自己精心培育的女儿，是有灵魂的活体。我对合作方非常挑剔：①要有共同的价值观；②对系统的营销模式认可；③承认并愿意支付系统价值。这三点缺一不可。”

聚创科技公司被评为
“科技创新小巨人企业”

话虽如此，在遇到理念一致的合作伙伴时，邓彬经常是“掏心掏肺”，在和喜宝合作的最初三年里，邓彬带领聚创团队不断帮助喜宝进行迭代工作，除了日常的技术维护，甚至还和喜宝管理层进行方案策划的创意分享和实施。对邓彬来说：想要通过新技术帮助技术比较薄弱的企业进行快速的复制和迭代，必须要深度了解企业需求进行实操落地，才能使企业摆脱发展困境，契合终端销售的技术搭建才是经得起强有力的推敲。

2016年，对技术“了如指掌”的聚创和80%进口奶粉品牌进行技术合作，但是在他的心里，除却奶粉，中国优秀的母婴品牌比比皆是，很多品牌在发展初期需要资金和技术的支持来成就自己，于是邓彬在一些前来寻求技术合作的中小品牌中进行筛选，然后开展技术入股合作，让这些母婴品牌快速成长。因此，他制定了新的商业合作模式：①企业共享分利，即对方合作企业的销售交易均与聚创有关；②帮助企业落地，从一个纯软件公司变成一个服务型公司，即帮助对方进行技术培训工作，辅助运营方案的落地执行，提高品牌附加值。

正是这一套全新的商业合作，加之其团队过硬的技术开发，使聚创取得了业内令人翘首称颂佳绩的同时，也完成了其从纯技术公司到整合服务集团公司的华丽转身。

现在的邓彬站在了另外一个高度，除了经常在全国各地为母婴品牌做信息化系统战略咨询以外，他将更多的时间放在了他的爱好上面，他坚持抄了21年的观音心经，一直没有落下；他喜欢围棋，在围棋对弈中锻炼自己的全局与系统思维；他喜欢书法，在书写中沉淀自己的心气和修养。

佛曰："众生有佛性，理性亦行性。初以习成性，次依性成习；以是待修习，一切佛皆成。"对佛法礼教全身心恪守的邓彬希望用一套有信仰能度人的商业模式来润化自己的灵魂，他多次跟笔者表示：我为人人，人人为我。

技术成就商业，成就了别人，同时，也成就了自己！

婴语视角斯恩林：
这辈子只做母婴这一件事

斯恩林的创业经历比我们想象得要艰难和漫长，但是他在母婴这条道上的创新和坚持让人肃然起敬。做久了母婴，就有了一种意念：让优秀的人帮助优秀的人，实体母婴才能走得更远。

婴语视角创始人斯恩林

这是一个专注于链接母婴培训讲师与母婴门店之间的管理营销解决方案的交互平台，以学习培训为入口，链接最接地气的营销策略、管理经验、店面设计包装等多方位信息嫁接的母婴资源整合平台。自2016年成立以来，婴语视角收获了近100位母婴培训导师和5万名线上会员，并链接了4万家母婴门店，为他们提供实体母婴店经营痛点的解决方案。平台日用户活跃度达到 1 万人，其中一节线上课堂报名人士超过 1.2 万人，培训导师年收入最高达 80 多万元。

狄更斯曾经说过：顽强的毅力可以征服世界上任何一座高峰。

今年是斯恩林做母婴的第 8 个年头。对他来说，母婴事业就像他身上的核心部件，决定着体内每个齿轮的正常运转。

从服装生意起家，一直在撕裂中前行

2003 年，斯恩林和妻子带着 3 万元创业资金来到青海做服装生意。因为初次创业，大部分钱压在货物上，结果由于这批服装的面料出现了质量问题，在青海零下 10 多度的天气下会腐烂，最后只能亏本处理掉。3 万元初创资金打了水漂，但这并不足以让斯恩林放弃，因为所剩费用无几，他只能找一个拐角外墙面租了一年，再从商户那借了第一批货开始卖，没想到因为位置优越（即使是拐角位置），他的服装生意火得不得了。再加上选购服装的眼光独特，选的款式经常爆销，平均每天都能卖掉 500 件衣服，成为当地的“拐角旺铺大哥”。

生意越做越好，斯恩林甚觉批发进货的路子不是长久之计，必须要直接找到厂家进行合作才能实现利润最大化。正在斯恩林苦苦思考的时候，他发现自己进的那批服装吊牌上的厂家品牌是广州服饰，但是电话号码却写着武汉的区号。于是，斯恩林灵机一动，迅速联系，发现武汉那边有个小加工厂，专门帮一些服装品牌做 OEM 代工。

于是斯恩林带着他几个月挣来的 40000 元坐着绿皮火车去武汉定了一个版型的服装，货到后瞬间在青海被抢购一空。初尝甜头后，斯恩林就开始了服装定制，此策略迅速为自己挣来了第一桶金。在青海这个一年最多几个亿的批发市场，斯恩林用他敏锐的头脑和个性的眼光成为当地的“服装搅局者”，在服装批发行业迅速声名鹊起。

生活总是考验那些对事业怀有虔诚之心的人。2005 年，斯恩林的孩子在北京被诊断出患有假性血友病，为了坚守父亲的责任和深爱，这一年他来回奔波于青海和北京，根本无暇顾及服装事业，全程陪着孩子看病治疗，直到孩子的病情得到了有效控制。

海明威曾说过：生活总是让我们遍体鳞伤。但到后来，那些受伤的地方一定会变成我们最强壮的地方。

2006 年，斯恩林重拾服装行业，决定自创品牌，圣斯燃服装连锁超市应运而生，斯恩林从深圳采购一批新款手机，采用“买 29 元服装就有机会抽奖获得价值 999 元手机”的促销方案在当地激起了一股热卖高潮，当天的营业额就突破了 10 万元，全年营业额高达 150 万元，让斯恩林对服装产业重拾信心。

但是在享受市场红利的同时，斯恩林的直觉告诉他：人口稀少的青海不是他的久留之地。外加服装行业门槛太低，行业鱼龙混杂，利润空间越来越小，已经让他失了曾经的激情和挣钱的动力，他决定见好就收。

涉足母婴，由实操战略探索商业模式

2009年，斯恩林带着妻子和孩子来到长沙，把青海的服装超市低价转让。

那年，小女儿出生，斯恩林带着女儿去小区旁边的一家母婴店购买奶瓶和奶粉，看到整齐的货架上琳琅满目的商品，他第一次知道这是母婴店。谙于计算利润差的斯恩林对此一见钟情，他认准母婴门店的前景会非常好。于是迅速开始进行为期两个月的市场调研，并在小区林立的中间位置租了一个门脸房，取名“皇家宝贝母婴馆”。

2009年7月，皇家宝贝母婴馆正式开业，斯恩林为了创业便利，住进了阁楼，没有空调，顶着高温干得热火朝天。但是第一个月生意惨淡，顾客稀少，一个月下来就亏损了好几万元。斯恩林并不着急，凭着他对市场营销的动销预见性，正如“你走得辛苦老天也会帮你”。

8月的一场降温，让斯恩林提前进好的秋季衣服一销而空，当天的营业额就达3万元。斯恩林迅速改进母婴馆的装修，提升营业员的服务质量，6个月后母婴馆就收回了成本。这对斯恩林来说，如干涸饮露，一发不可收拾。母婴馆生意门庭若市，他又开了第二家180平方米的连锁店，生意依然火爆。如此复制下去，斯恩林采用“聚焦品牌知名度垄断化”的战略，在一条街上连开了4家连锁店，让消费者对“皇家宝贝母婴馆”产生了植入心智般的深刻。

在接下去的直营店扩张中，斯恩林一直采用“宽门头，位置好，低物流成本，零库存，大营业面积”的直营矩阵战略，让皇家宝贝连锁直营店在长沙当地产生了巨大的影响力。2011年年底启动第五家2000平方米的母婴馆，2012年底第六家1200平方米的母婴馆开业。但是问题也接踵而来，直营管理和渠道都非常沉重，100多名员工开支和房租、水电经营成本非常高昂，用斯恩林的话来说最难熬的是淡季，2000平方米的一个大店里，仅空调费一个月就要5万元。

斯恩林深感这样的商业模式有问题，但是当时还没有捋清头绪。直到后来发生了一件事情，颠覆了他所有的战略感官：在决定整合“皇家宝贝母婴馆”走轻资产路线的时候，他在处理一批二手货柜时，发现下面的一个采购经理买下了他的11组货柜，再通过58同城互联网，转手能赚好几万元，这让他深感互联网的威力如此巨大：为什么我不能把线上和线下的资源嫁接起来，让线上做资源呈现和运营，线下做配送和体验。这就是后来人们所说的O2O，那时它刚刚诞生。

斯恩林全线紧缩思路，开始做小而美的社区母婴店——婴之洋生活馆，加盟店面积控制在70~110平方米，全部采用6米以上宽度的双门头，让品牌名字和网址都呈现在门头上，还别具一格地让母婴店的排列顺序采用车牌照的序号进行排列，采用线上下单、线下配送的商业模式实现了快速的裂变。

婴之洋生活馆经营模式

2014 年仅一年，婴之洋在长沙做到了 47 家社区店，年销售额达到 5000 万元。

但是 O2O 商业模式的不成熟，和线上线下的衔接不顺畅，也让斯恩林那颗不安分的心隐隐有缺失感。

只是用收加盟费的方式盘活不了整个 O2O 商业模式，斯恩林又一次犹豫了。

直到遇到阿拉小优的创始人李茂银，斯恩林对李茂银的管理能力和职业阅历由衷地认可，于是迅速加入负责阿拉小优母婴店加盟招商。

在全国3000多家母婴店的实体招商考察中，斯恩林发现很多母婴门店不缺产品，但是经营能力很弱，服务水平提升不上去，老板认知水平也有限，如果只走线下培训，精力和财力耗费太大，非常不可取。于是斯恩林决定采用线上开课分享和励志电台讲课的方式，此举吸引了一大批母婴门店老板的注意，斯恩林深刻意识到：母婴门店有学习的欲望，但是没有学习的通道，这种通道的嫁接是能解决现在实体母婴门店经营痛点的。

于是，斯恩林决定离开阿拉小优，全心创业做一个母婴交互平台，用培训服务的方式切入，做到培训师和母婴人的高效嫁接。

实体母婴要想变革充实，必须从学习培训做起

2016年4月，婴语视角平台正式上线。斯恩林在内心暗暗发誓：我要用这个平台改变母婴实体人的生存现状。

婴语视角首要一步就是先把培训老师聚集到这个平台上，于是大力通过多种渠道进行筛选和考核，找到了100个具有丰富实操经验的母婴培训师，并开设了专栏育婴师、小儿推拿、催乳等多个项目讲堂为母婴门店老板服务。

婴语视角品牌标识

2016年7月，婴语视角在上海举办了第一次线下沙龙聚会，采用门槛制2000元收费模式迎来了70多人的到场参与，原计划的50人小型沙龙超额完成，参与者畅谈到凌晨4点都不愿意退场。还没散会就有投资人找到斯恩林表示要给婴语视角入资，并承诺后期还会追加注资，这对斯恩林来说无疑是锦上添花。

对此斯恩林也始料未及平台会如此受欢迎：做培训的时候要像水一样，跟谁都可以融合，融合之后就是连接，连接过后就能打破实体母婴人的困局，让他们在困顿中迭代，迭代中再创新。婴语视角嫁接所有的资源，包括资本，来为平台里的母婴人提供一切可整合的资源，让他们少走弯路，让平台成为一个生态是我的目标。以社群为连接，以资本为助力，以新的场景和新的项目为母婴人创收。

利用线上社群优势打造微信经典课程，让培训导师和母婴人进行零距离沟通是婴语视角的又一特色。

仅一年多时间，婴语视角就搭建了100多个社群，每个社群将近500人，王同、车燕华、丁建等多名优秀母婴导师成为了社群的中坚力量，通过线上分享和微信开课，为平台带来了将近5万名铁杆粉丝。

课讲得好不好，看复听率就一目了然，60%的培训导师在线下的课程是一堂课2个小时收费1万元，婴语视角线上是1个小时的课程全线上的报价是3.9元到199元，最厉害的一堂课差不多有12000多个线上的粉丝去买这个课程，导师盈利

60000 元。

婴语视角在课程分享上尤其重视“实战型”和“接地气”，除却资深培训导师的大力捧场，也迎来了很多新生代讲师的倾情奉献，其中“母婴门店销售秘籍”“销售奶粉的受众率分析”等课程复听率非常高，听完课后可以拿去即用，第二天母婴店的销售额就可以提升好几倍。 而培训导师在细节上的分析和讲解能够让导购抓得稳、记得住、用得了、用得活，他们一堂课只讲一个节点，讲专讲精，实战很落地。

婴语视角母婴门店专业课程

自然，任何一个平台的课程满意度都不能达到百分之百。婴语视角在课程的体验把控上可谓“呕心沥血”，任何一个老师加入平台前必须要进行一场公开课测试，会有专门的学员调查分析，如果满意度低于 60%，婴语视觉会采用全额退款的方式让母婴学员真正体验消费安全保障体系；好评超过 80%的培训老师，会进入付费模式；好评率达到 90%以上的培训老师会进入系列课的开讲，这个时候基本会有丰厚的收益，但是对老师的要求也会非常高。

对于婴语视角的未来，斯恩林依然信心满满："前不久，我们把优秀的培训老师链接到荷兰一家资产上亿的商贸公司做咨询，众多的母婴连锁机构包括咿呀孕婴童连锁、贝贝熊都跟我们签订了战略合作协议。我们接下来的 3.0 版本是为各系统做定制版商学院，还会与在母婴行业上亿规模的连锁企业做贴架内训和拓展，现在很多规模企业都需求这一块，我们希望能给他们提供多资源的互动。哪怕你是单体店，也可以为你量身定做属于自己的商学院。"

2017 年 7 月 18 日，婴语视角准备在上海召开 100 个城市合伙人的招募会议，准备嫁接货架、智能设备等实力母婴企业进行战略合作，同时引进有特色的产品供应链，比如说产后护理、小孩推拿和早教等资源落地达成。婴语视角去除中间环节，整合资源供应链，并结合大数据分析，让母婴实体门店的变革和创新近在咫尺。

让培训回归经营痛点，让企业变革重生

婴语视角是目前唯一一家垂直做母婴产业培训和交互的线上平台，斯恩林坚信母婴人需要强化教育、强化培训，用知识的武装结合产品的需求，从而成为家庭消费的提供者："我们只深耕一件事，就是让优秀的人帮助想优秀的人。"

列夫托尔斯泰曾经说过：没有信仰的人生，无非是动物的生活。

斯恩林把他的婴语视角作为最后一场创业，他必须铆劲前行，让母婴人的知识变成开启智慧大门的钥匙。

婴语视角的未来何去何从，斯恩林的战略透析告诉笔者，计划 2018 年在全国 100 个城市设立 20 个子公司，同时会拿出 200 万元现金来支持 20 个真正有实力、能解决母婴实体经营痛点的培训讲师，加快从母婴用品到供应链整合的城市化战略行进步伐。期望未来，婴语视角的城市合伙人能在全国 335 个地级市遍地开花，让培训回归经营痛点，让企业变革重生。

育博集团余世杰：

用8年磨砺来悟商，再花10年时间聚人立业

余世杰比想象中年轻、温和，举手投足间，感觉余氏家族的家教礼仪对他影响甚深。从“富二代”到“创二代”，再到企业家，他的身上既有父亲的励志精神，又兼具温商的诚信和执着。

2017年11月1日，朱本志和笔者约在了北京小水滴公益，看到被遗弃的新生儿在小水滴护理下茁壮成长的场景后，他当场拍板捐助价值25万元的婴幼儿奶粉。在整个公益参观过程中，作为一个父亲，朱本志的心情是沉重的。他因为笔者的一篇文章《中国式好人鲁鲁：我有一堆孩子，还有一个老父亲》而来。

而作为上海育博营养食品有限公司的捐助代表，他告诉笔者：“我们前后为公益做物资捐助已经不下500万元了，因为董事长余世杰告诉我们：‘任何企业无论成就于何时，都不要忘记社会责任感。’”

育博集团掌舵人余世杰

在魔都晴朗的午后，笔者有幸采访了余世杰，他比想象中年轻、温和，举手投足间，感觉余氏家族的家教礼仪对他影响甚深。作为家中长子，他的身上潜藏着家族的骄傲和大义凛然。

说起自己的创业经历，余世杰透过玻璃，双目驻足在风吹粼光的湖面，自是感慨万千……

20 世纪 90 年代，余氏家族在炼乳行业的地位可谓响当当，全年产值能做到 1 亿多元。余老爷子以胆量和勤奋在炼乳行业闯出了属于自己的一片天，而他的“乐善好施”被当地的老百姓尊称为“唐僧”。但是作为“企业家”的余老爷子，在 90 年代末却开始“居安思危”：随着消费者健康意识的提升，炼乳行业会在未来 5 年走向没落，因此必须发展新的产业。

通过几天几夜的余氏家族会议，余老爷子决定从炼乳起家，扩充奶粉品类产业，让余氏三兄弟带着3000万元现金去上海闯荡，打造出一个奶粉品牌，布局母婴新产业。作为家族长子的余世杰，从小跟着父亲做生意，耳濡目染，雄心万丈，那时候对他来说：激情澎湃，万物皆于足下。

从“富二代”到“创二代”：高举高打，伤痕累累

2000年，在余世杰的带领下，三兄弟迅速在上海松江区买了40亩地建了奶粉工厂。同时余世杰还带领团队注册了“宝安力”品牌，并成立了香港宝安力国际集团有限公司，那时他们坚信：上海是个繁华之地，更是国外品牌的集聚地，做产业必须要具有品牌概念并倾力造以迅速占领市场。当时圣元、飞鹤等国内奶粉企业已经实行人海战术，每个镇每个店都有导购进行促销拉顾客。而余世杰的战略规划走的则是进口奶粉的路子，希望扎根一线市场后再下沉渠道，如此“高举高打”对一个新生品牌来说意味着高投入和低产出，一旦资金链出现问题就意味着失利和死亡。

那时候母婴店并未兴起，奶粉销售主要渠道是商超，但是高额的进场费、条码费和陈列费使其进驻一线城市的过程非常痛苦。外加建厂和渠道销售人员及导购人员的大批量招募，员工在第一年就扩充至近2000人，庞大的开支不仅使老爷子给的3000万元一年不到就花得所剩无几，更是在第一年就亏

损了2000多万元。

初来乍到，就备受挫折，余世杰身心疲惫。但是老爷子和家族寄予的厚望让余世杰在创业路上没有退路，他带着弟弟们在拼命地推进品牌渠道进程。

但是祸不单行，2008年爆发的三聚氰胺事件成为了压倒该品牌的最后一根稻草。本着对中国消费者负责以及对行业的坚守情结，余世杰忍痛决定召回市场上价值1000多万元的货进行销毁，这时候企业亏损金额已经高达5000多万元。

用120万元重新撬动乳粉产业，成功的背后都是“置之死地而后生”

2008年是余世杰最痛苦的一年，几乎有一个月的时间他每晚都要吃安眠药才能入睡。一个雄心壮志的富二代在市场被打击得体无完肤，余世杰有种“无颜见江东父老”的感觉。但是“置之死地而后生”的余世杰还是决定在这个母婴行业继续打拼下去。

在余世杰身上，笔者看到了他对自己父亲的敬重和景仰，作为这个家族体系里的最强王者，老爷子对其子铩羽而归的漠视和决断让余世杰痛心疾首：前方即使是死路一条，也要一条道走到黑。笔者发现，他拥有其父亲“星火相传，敢为人先”的传承基因，同时作为一名温商，他身上又兼具着“诚信、执着”的商业基因。

育博集团品牌标识

2009年，余世杰和弟弟们把自己初创时期买的上海徐汇区写字楼低价卖给了台湾人，又把名下的房产全部变卖，用来缓解经营危机。为了筹集这一笔创业资金，余世杰和弟弟们说服了各自的丈母娘共借了120万元现金重新扎进这片“创业红海里”。

2009年的母婴行业红利期刚刚开始，商超没落，母婴门店如雨后春笋般勃发。余世杰带领团队改变战略布局，全面精减人员，开始大规模布局三四线城市的母婴门店渠道。2010年，公司旗下育婴博士品牌及其他品牌奶粉总销售额做到了8000万元，在渠道的强有力布局下，公司从水深火热中扭亏为盈。

从秉承家父意愿拿着3000万元到上海创业，到2009年筹借120万元重新起家，余世杰经受了完全不一样的心路历程。他深刻悟知：第一，年少不能得志；第二，不要单打独斗，多和人合作；第三，所有成功的人背后都有他心酸的一面。

从经销商到供应链平台商的华丽转型

在企业经营好转的同时，余世杰也在深刻思考：在 2004 年的大头娃娃事件和 2008 年的三聚氰胺事件中，都只有大企业的奶粉品牌脱颖而出，而中小奶粉品牌的发展路径却非常不清晰，想要脱颖而出更是难上加难。

虽然在 2011 年公司以育婴博士为主的奶粉品类总销售额做到了 2.5 亿元，成绩显赫。但是在余世杰看来，重资产实业发展在未来的商业路径中会越来越难。

余世杰认为：有自己的品牌固然是好事，但是打造成知名品牌是重资产运作，涉及方方面面，要做精细化统筹运营才能做大做强。

而作为在行业浸润了十多年的余世杰来说，他深知自己的团队优势不在产业运作，而在于市场营销优势。综观整个母婴行业的发展，大家缺的不是品牌，而是高效的市场营销，上海育博能把旗下品牌运作起来的很大一部分原因是其具有对渠道营销的专业性。既然如此，为什么不去和大企业进行强强合作经营，打造一个平台化的商业运作模式来共同促进奶粉行业良性发展呢?

于是在 2014 年，上海育博在战略部署上全面启动“供应链平台商”思维，企业内部管理采用合伙人制。并积极和圣元、贝因美等知名企业进行合作，重力打造品牌营销新规划，结果出人意料，都超预期地完成了品牌方的销售额。

育博全体员工合影

2015年，在专业运营育婴博士产品的同时，成立金莱优（上海）国际贸易有限公司，专门承销圣元旗下的优强产品，仅用一年的时间就把优强销量翻了十几倍；次年，承销贝因美天才宝贝产品，接手一年后，也实现了4倍以上的增长，并将天才宝贝打造成为了贝因美旗下的明星产品。

余世杰深知：大品牌并不意味着好销量，它需要“术业有专攻”。

2016年，育博集团明确了企业使命：让天下没有难卖的好产品；让天下没有难开的母婴店。从上游品牌方到下游终端门店，公司通过更专业的供应链资源体系做到了无缝链接，为自身团队的内造血核心竞争力打通了行业“任督二脉”。

一代实业的发展，从商品制造、品牌，到最终转型为平台商，为母婴产业做整体服务解决方案的输出者，在余世杰的心里一直埋着一颗种子：母婴渠道的发展从卖货开始，但要从服务收尾才能获得可持续发展。而他们的优势在于：10多年专业渠道营销优势与供应链的搭建优势，以及专业人才的惺惺相惜。

采用“共享共荣”机制进行资源整合

“平台商与代理商最大的差别？ 说实话，代理商赚的是货物差价，而供应链平台商赚的是服务价值，上海育博集聚了母婴行业的众多优秀营销人才。 从我父亲的商业路径里，我知道分享收获是当下商业环境最重要的一环。”余世杰如是说。

育博公司每接到一个奶粉品牌，都将其作为一个独立项目，比如贝因美天才宝贝，就会找到最适合运作天才宝贝的朱本志来专门负责这个项目。 他不是职业经理人，他是天才宝贝的合伙人，来全权主导天才宝贝的营销渠道。

品牌的合作稳定性也为育博增分不少，截至目前，圣元、贝因美、英国康多蜜儿等旗下多款品牌都和育博拥有多年的营销合作，育博对产品项目的选择更是精益求精，特别强调愿与互补性强的企业多进行深度合作，做到渠道稳定、模式清晰、高度契合。

谈到育博的核心竞争力，余世杰告诉笔者：产品好，品牌响，团队专业度高。

从职业经理人到合伙人：始于才华，忠于人品

2013 年，郑国强从圣元国际辞职，去了山东一家调味品企业。余世杰久闻郑国强很有能力，又才华横溢，于是便到山东慕名拜访，两人一见如故，谈到母婴产业愿景时，余世杰抛出橄榄枝，希望郑国强来到他的企业成为自己的合伙人。

两人从早上 10 点见面一直聊到晚上 12 点多，相见恨晚、相谈甚欢。三个月后，郑国强正式加入育博团队，成为上海育博营养食品有限公司和金莱优（上海）国际贸易有限公司的总经理，并发展成为育博国际的核心事业合伙人。

育博核心团队

郑国强表示："圣元张亮是我事业发展中的第一个恩人，余世杰是我的第二个恩人。我 2004 年放弃国家公务员的副科

长，去圣元做了张亮的助理，后来成为全国市场总监。在圣元从业9年多，从张亮和圣元那里学习了做人、做事和做市场。离开圣元后，由于母婴行业的吸引，再加上余总的格局，从而走上了合伙创业发展的道路。育博余总商业敏感度高，对人包容性强，不管干什么余总都会说好，他信任我们、鼓励我们、支持我们走出去，尝试任何新的模式，这对一个老板来说非常难得。他经常告诉我们：'人人用心卖力，分享财富果实。'作为一个资源和人才的整合者，他愿意按照贡献分享财富。所以余总激发了我们的主观能动性和积极性，我们愿意铆足劲去做事。"

朱本志，在快消行业从业18年，在奶粉行业从业12年，是一个非常有斗志的人，在团队执行和协作上干劲十足。余世杰这样评价他：年轻有激情，执行力非常强，让他们发挥专业营销领域的特长，收获属于他们的成功是势在必行的。

成事先聚人。整个公司的高管，都来自于国内主要乳企的中高管人员，共同促进了育博事业的快速发展。

截至目前，上海育博集团专注于孕婴童产品的全供应链整合输出，为渠道终端提供优质产品、配套服务、品牌推广和市场销售的持续有效管控，快速实现新品分销铺市，帮助门店实现终端动销。

目前，整个渠道已覆盖全国2万多家母婴门店。育博先后一手承接打造了国内外共7个产品系列6个品牌的奶粉，包括育婴博士、天才宝贝、圣元优强等一线国产优质品牌，还承接了英国百年企业康多蜜儿等进口优质品牌。

余世杰壮志满满：上海育博通过渠道管理扁平化、运营模式众筹化、打造产品爆款化等，立志成为中国母婴产品营销链的领导品牌。我们是成长中的青年，不忘初心、秉承匠心、坚持良心，是我们一直在坚持做的事情。

纸尿裤的生态江湖

作为一个孩子的母亲，笔者也曾经在纸尿裤品牌的浩瀚海洋里多次做选择。与王胜地、冯亮、徐英红等人的相识让笔者对国产纸尿裤彻底改观，从那以后不再使用进口品牌纸尿裤。我们相信，他们由情怀衍生出来的爱赋予了纸尿裤一种欣欣向荣的生命力，并真正践行了“国货当自强”。

爸爸的选择王胜地：
做一只追求梦想的不死鸟

认识爸爸的选择创始人王胜地已有3个年头。创业都是九死一生的，笔者始终相信大浪淘沙后的小鸟会越来越茁壮。作为一名孩子的母亲，感谢王胜地这个梦想的“不死鸟”坚持为国人生产高品质的纸尿裤。爸爸的选择自始至终都不愧为“爱国纸尿裤”。

爸爸的选择创始人王胜地

那年的电商寒冬来得让人寒彻心扉，曾经估值12亿元的煎饼馃子“皇太吉”跌下神坛，大量闭店。获得亚马逊中国2000万美元入股，一度风光无限的知名生鲜电商平台“美味七七”也说倒就倒。被投资商热捧的日前上海生鲜电商平台“壹桌网”被曝已下架全部商品，总部已人去楼空，陷入倒闭传闻。

没有明确的盈利模式，靠资本维以生计的互联网行业都岌岌可危。

电商行业哀鸿遍野，实体企业的寒冬也捉襟见肘，不相上下。恒大地产大佬许家印把恒大冰泉、粮油、乳制品贱卖57亿元。曾经一路高歌、风头无两的市值170亿元的大众鞋王“达芙妮”也开始闭店1277家，铩羽而归。真是一入清贫深似海，从此豪门不回首。

有一家纸尿裤公司在创业寒冬里做得风生水起

尽管如此，却有个以倡导国货当自强，质量堪比“花王”的纸尿裤公司——爸爸的选择在创业寒冬里发展得风风火火，公司门庭若市。在北京朝阳路上的文化产业园里，连楼下入职没几天的保安都说：“最近好多人找爸爸的选择，一开始听这个名字还诧异。现在知道就是那个去年刚成立、名气却很大的卖纸尿裤的公司，占了主楼三楼的一大半面积，总部还配了单独的电梯给他们使用。”

确实，爸爸的选择最近好事不断。

爸爸的选择纸尿裤

爸爸的选择在9月底刚搬入这栋新的产业园大楼，办公面积将近1000平方米，算是在这寸土寸金的北京城落了根。在此之前，他们在文化产业园的简陋厂房里潜伏了一年之久，做研发和线上线下渠道铺设，忙得苦不堪言，但这几个北大、清华毕业的小年轻合伙人硬是用了一年多的时间把快消品纸尿裤做得风生水起，没有融资，卖房创业，第二年销量就做到了7000多万，年底即将突破1个亿。用王胜地的话说："我就是要做梦想的不死鸟，别人觉得门槛很低的纸尿裤行业，其实是个高科技产品，我们必须要用高科技改善产品质量，用精细化的渠道和高标准的服务让消费者为产品买单，做口碑营销。"

纸尿裤作为宝宝刚需日用品，做到1个亿的销量不足为奇。进口的好奇纸尿裤一年销量好几十亿，国产安尔乐纸尿裤一年也有十几亿的销量，占据南方城市渠道的茵茵纸尿裤最少也有两三个亿。但是和这些老牌纸尿裤相比，爸爸的选择才成立两年，几个年轻爸爸大笔一签，让爸爸的选择进入了京东纸尿裤销量排行榜的前20名。2016年的国庆节假期还没过去，爸爸的选择就火速召集了全国200多个经销商来京述职开会，100多平方米的会议室被挤得水泄不通，王胜地在大会上讲得口干舌燥：如何防止串货，如何挖掘纸尿裤科技点，如何打造产品爆点，等等，渠道商们听得入了神。

一年实现造血盈利，精细化渠道运营为王

作为半个电商公司性质的爸爸的选择截至目前都没有融资，虽然纸尿裤的质量和服务获得了一致好评，销售额最高的时候一月能做到1000多万元。但是对融资，他们却不置可

否："现在的资本有点矫情，总喜欢投服务型或者电商型公司，而对我们这种专注做高科技快消品的品牌公司却表现得很小心翼翼，我们需要教育这个资本市场，更不会用那些所谓的迎合来博取资本的青睐。爸爸的选择于2015年初成立，一年后，我们用产品销量实现了内部造血能力。在资本寒冬前，我们反而按照自己的步伐走得很好，而那些曾经被风投青睐、声名鹊起的公司突然倒闭已经足够给资本敲响警钟，我们这样的实业企业才是最靠谱的。"王胜地耿直得一针见血。

经销商大会

新办公楼的空位还是零散闲置着，在扁平化的管理机制中，爸爸的选择并不着急大肆招兵买马来完善组织架构，也不着急迅速扩张来规划各渠道销量战略。而是着手如何让各渠道精细化运营，实现高筑墙、广积粮、缓称王的战略布局。对此王胜地表示："我们必须完善经销商对产品的了解，并及时反馈前线信息，让纸尿裤信息做到无缝嫁接。以前都是我带着销售团队一个地方一个地方调研，这次直接让渠道商来到帝都述职，一方面是跟总部保持密切沟通，另一方面也是为了更好地传递爸爸的选择的经营理念和产品营销理念，让中国消费者增加对高科技产品的信心。这次经销商大会的主题就是：我们先别想着谁销量做得高谁称王，先来聊聊如何高效可控地销售纸尿裤。这也叫‘反萃取’思维。”

自建研发实验室，专做顶级纸尿裤

目前，爸爸的选择纸尿裤销量增速迅猛，但是王胜地觉得最好的选择还是理性增速，因为销量上去了，质量跟不上，是对品牌的玷污。

王胜地深有感触：“前一段时间纸尿裤大批量免费试用获得了很多消费者的认可，线上线下销量都大幅度提升，让我们欢喜也让我们忧。担忧的是产品质量的迭代和更新，我们希望做到产品质量和销量是良性匹配的，大家都以为纸尿裤可以随便找个代工厂生产，那就大错特错了。我大学专业学的是化学，深刻地知道纸尿裤的研发和生产必须走高科技路线才有出路，绝不是一个小作坊糊弄一下就可以解决的。我们必须与世界顶级的产品‘花王’相比较，并在此基础上做出自己的标准模板，才能成为中国百年民族品牌。所以爸爸的选择搬入新办公区的第一件事情就是创办自己的研发实验室，有自己的产品研发，引进高科技技术，才可以让爸爸的选择纸尿裤达到国际标准，为宝宝造福。”

卷福实验室

目前，爸爸的选择实验室仅设备投入就占了总费用支出的3/4，很多进口设备涉及国际领先技术。实验室汇集了宝洁、韩国LG等世界500强研发人才，积极与国内外顶尖研究机构展开合作，涉及分子生物学高分子物理、表面化学、预防医学等多个领域。在王胜地看来，只有推动科技创新，才可以让国货品牌走向世界。爸爸的选择最终目标是成为中国第二个“宝洁”日化公司。

引用王胜地的原话：“习惯坚持做顶级纸尿裤，对产品质量已经不能再将就。”这种人，他奋其一生，就是为了做一只追求梦想的不死鸟，而梦想本身就是不死鸟。

大黄鸭纸尿裤：
原来每个人的童年都住着一只大黄鸭

除了工匠、情怀、良知，还有一种情感事业叫“致我们终将逝去的童年”。当第一次看到大黄鸭纸尿裤的品质，再对比其他品牌后，笔者相信：这款纸尿裤里，除了有品质的保障，还有故事的珍藏，以及情感的寄托。感谢冯亮团队对大黄鸭纸尿裤的坚守！

大黄鸭总经理冯亮

2013年的双十卖萌日，北京大部分地区刮起了5~6级的北风，位于颐和园八方亭内的大黄鸭被吹倒在水面上。全国网友纷纷发微博和微信要支持大黄鸭，希望大黄鸭要挺住、重新振作。更有千里迢迢从外地赶来北京的亲子家庭，孩子们哭喊着要来到颐和园救救大黄鸭，让它不要“受伤”。可见这只可爱的大黄鸭在孩子们的心里有多重要。

童年如此清澈，全因大黄鸭的召唤

微眸的大小黄鸭

大黄鸭（Rubber Duck），是荷兰艺术家弗洛伦泰因·霍夫曼以经典浴盆黄鸭仔为造型创作的巨型橡皮鸭艺术品，它以“天然呆、自然萌”的卡通形象深入人心，一经面市就受到了国人的热捧。为了让全世界都能感受这只大黄鸭的憨态可掬和迷人微笑，2007年霍夫曼带着大黄鸭“周游世界”，先后造访了德国、日本、英国、澳大利亚等14个国家和地区。

2013年，大黄鸭终于来到了中国香港，全港市民万人空巷，还吸引了刘德华、余文乐等明星的亲临现场合影留念，更是极大刺激了当地旅游和零售业的发展。从香港辗转到首都北京，大黄鸭更是受到了中国13亿人民的倾情热捧，这不禁让人感叹：原来每个人的心里都住着一只大黄鸭。

一只大黄鸭为何如此牵动国人的热情和爱心？答案只有一个：青春年少时，我们希望通过复杂表现自己的成熟，直到渐渐长大，童年的纯真和快乐一去不复返，而现实的烦扰更是让我们不堪其重。我们开始怀念童年，通过这只鸭子，我们看到了年少嬉笑哭闹、随心所欲的世界。

这种场景深深地启发了香港大黄鸭集团的创始人冯亮，在母婴行业浸润10多年，一直从事品牌营销和渠道建设的冯亮对大黄鸭一直情有独钟。当霍夫曼刚设计出大黄鸭在荷兰展出时，冯亮内心的情感被深深地激发了，他先后追随着大黄鸭周游了全世界。当大黄鸭被中国亿万人民热捧的时候，冯亮的心开始蠢蠢欲动：为何不生产一款质量超优的大黄鸭纸尿裤给中国的孩子享用呢？我们应该让这只大黄鸭陪伴着孩子度过童年时光，再用返璞归真的心态去面对以后的漫漫人生。他深信这样的大黄鸭纸尿裤一定会让人重新找回年少时的清澈和纯真。

于是冯亮立即召集团队在中国香港成立“亲体研究中心”，希冀通过国家专利技术和高科技研发来让中国宝宝也能感受到大黄鸭纸尿裤的亲体呵护。

大黄鸭纸尿裤面市

研发的过程是痛并快乐着的，冯亮对团队的要求是必须研发出一款“更安全，更舒适”的纸尿裤，它不但有感知，还有对人生有共鸣的启发。在这样苛刻的条件下，大黄鸭研发团队决定启用400克全芯体来加大纸尿裤吸水量，其高分子材料更是引进“住友+三大雅”进口材料，让锁水和透气性俱佳，真正做到了极素极薄、绿色环保。为了增强品牌的美学动感度，大黄鸭采用蜂窝式网状超柔结构面层和E复合透气底膜彩图式设计理念完善产品。

此外，宝宝体验的舒适度更是“重中之重”，为此香港“亲体研究中心”专门拿出3个月的时间收集用户调研和消费者试用报告，进行产品完善和迭代更新，光机打毛片损耗就达到了50万片。历经整整半年时间，一款吸水性超好、舒适度体验超强的大黄鸭纸尿裤终于面市了。

当呆萌的大小黄鸭依偎在一起展示在商超和母婴店的陈列柜上时，消费者被它深深地吸引了，纷纷驻足购买。很多宝妈反馈：每次看看宝宝小PP包着大黄鸭的纸尿裤，就感到内心一阵温暖，它不但卡通还很亲民，仿佛自己也重新回到了小时候。

只为一则消费者投诉，亏损300多万元为大黄鸭质量正名

2013年中旬，大黄鸭在湖南省的10个母婴门店展示售卖不到一周，销售额就达到了366万元，众多消费者为萌哒哒的大黄鸭卡通形象所倾倒。

随着大黄鸭纸尿裤在国内的热销，冯亮团队也收获了来自全国经销商的来电预订和代理，甚至有西藏和新疆的渠道商带着现金不远千里来到大黄鸭的生产工厂要马上订货到当地门店铺货，这让冯亮的内心充满了骄傲和自豪。

成功的背后往往充满着艰辛和无奈，对于大黄鸭纸尿裤来说，一场必经的质量保卫战正在等着它。

2013 年年底，大黄鸭纸尿裤在全国重要省市开始铺设售卖。尽管是预售制，但是产品还是供不应求，冯亮决定一次性增产 3 倍来迎合市场需求。

大黄鸭纸尿裤

但是当产品上架后的第二天就接到了湘潭地区的一个消费者投诉：大黄鸭纸尿裤的魔术扣体验不好，不能碰一下就直接黏住，需要手按，和上一批购买的产品不一样，要求退货。

从来倡导“消费者为王”的冯亮立马警觉起来，这不是一件普通的客诉：我们的产品出问题了。于是他马上通知香港大黄鸭集团和生产工厂，对现货产品进行排查和测试，结果发现消费者投诉的现象是存在的：明明可以轻轻一带就可以黏住的魔术扣，为啥还要增加一道按扣程序，这不适用当下消费者的体验快感。

于是，冯亮和他的团队在香港进行了长达三天三夜的头脑风暴，最后决定：必须要对消费者负责，不能让任何一批体验感不好的产品流入市场，要用实际行动对大黄鸭的品质负起责任，于是他们启动了“大黄鸭纸尿裤召回集结令”。

为了更好地将产品回收和对接，冯亮迅速在湖南成立大黄鸭母婴用品分公司，速度对接全国的经销商和母婴门店，将这批有问题的产品回收到公司进行集体销毁。

这一事件不但没有让大黄鸭失去市场，反而迎得了消费者的认可，更得到了母婴门店的支持，他们表示：对产品质量如此负责的企业更应该得到市场的尊重。

尽管大黄鸭集团为此失去了畅销的利润不说，还拿出了300多万元来进行产品回收和处理，可谓损失惨重。但在冯亮的心里，他觉得这是一次大黄鸭品质的重生，它本是这个纸尿裤事业的重要一分子，它的品牌价值更值得被尊重和拥护。

吃过产品质量的亏，冯亮和团队坚决不要再犯第二次。他们说服集团斥资3000万元在广州白云区成立了纸尿裤工厂，严把质量关。2017年6月，大黄鸭纸尿裤再次在广州花都打造第二个纸尿裤生产基地，占地面积4万多平方米，为大黄鸭纸尿裤的高质输出打好加固攻坚战。

产品质量没问题了，消费者的体验和反馈也是大黄鸭纸尿裤的核心诉求。2016年年初，大黄鸭集团启动“1小时客诉响应制”，要求企业针对来自全国的客诉问题必须在1小时内解决完毕。还要求所有的门店免费给用户使用5片纸尿裤，如有任何不好的感受全部支持无条件退换货，这样的“细思极恐”的消费者保障体系，让大黄鸭纸尿裤的后台客诉率年年为0，这也再次印证了2013年的那场消费者客诉预警机制是行之有效的。

重拾品牌信心，铁军战队踏遍母婴门店

后端生产布局完毕，大黄鸭纸尿裤的全国战略销售布局也开始进行得如火如荼。

老家在广东河源的邱涛林跟随大黄鸭纸尿裤 4 年了，当团队决定征战开拓全国 50 万家母婴店的时候，他自告奋勇去大西北打头阵。

从山清水秀、湿润安逸的南方城市直杀到气候干燥、黄沙漫天的西北宁夏，邱涛林带着老婆和孩子全家进行大迁移。来到宁夏的第二天，邱涛林就风尘仆仆地下市场进行渠道销售。每天住在 50 元钱一晚的汽车旅馆，穿着衣角都未平整的的确良材质外套，邱涛林用自己的足迹遍布大西北偏远地区的一家又一家母婴店。

四年很长也很短，邱涛林用自己的行动证明了大黄鸭纸尿裤的魅力，他在大西北开拓了 80 多个代理商，在 GDP 相对落后的县城和乡镇店，把纸尿裤的单月销售额做到了 200 多万元。由此，邱涛林又多了一个外号叫“拼命三郎”，那张经过风吹雨淋的黝黑的脸上幸福洋溢，他告诉笔者：“我愿意为大黄鸭在大西北扎根安家，因为这个纸尿裤事业我想做一辈子。”

在湖南拥有 100 多家母婴门店的“爸爸爱母婴”连锁机构创始人唐利，是个笑起来憨态可掬又真诚的人，他经常调侃自

己："我和大黄鸭脾性相投。"

从大黄鸭纸尿裤面市伊始，"爸爸爱母婴"连锁机构就成为了大黄鸭的给力渠道商，一个大黄鸭纸尿裤单品一年能做到800多万元的销售额。

在唐利身上，你会发现：他不是专注做产品销售的，是专注做产品服务的。唐利坚持本心做事，对于自己门店的产品品牌选择他全部亲力亲为。他告诉笔者："我不是什么品牌都接，但是绝对会接有故事的品牌。"在他身上，你会看到他对母婴事业的思考和布局是少了一份商业匠心，却多了一份人性的虔诚。

大黄鸭助力客户新店开业

2016年，"爸爸爱母婴"连锁机构联合大黄鸭纸尿裤和飞鹤奶粉组织了一场当地知名的大型爱心嘉年华活动，把产品的所有利润全部捐赠出来给当地的爱心基金会，获得了当地老百姓的称赞和敬重。当然在这样的活动刺激下，“爸爸爱母婴”门店生意门庭若市，同时大黄鸭的销售额也随之提升了20%，它用爱心撑起了事业的蓝天。“好的品牌是绝对可以助力门店发展的，爸爸爱母婴事业也不例外。”唐利如是说。

截至目前，大黄鸭纸尿裤在全国2000多家实体母婴门店销售，并拥有500多名铁杆代理商的大力推广，深度获得了10万宝妈粉丝的追捧和热爱。

这4年来的努力对冯亮来说犹如一场灵魂的洗礼。而对大黄鸭来说，一如它的长相，不骄不躁，匀速前进，却秉承初心。为了更好地传递大黄鸭精神，冯亮和他的团队更是进军“北上广深”等一线城市启动“鸭迷圈”社群营销，成立鸭迷俱乐部，让全国各地的宝妈和大黄鸭进行零距离接触，并通过宝宝纸尿裤的分享，来获得共同的价值观和幸福感：我们因为大黄鸭而重新回归了自己的童年。

大黄鸭的亲子互动

冯亮告诉笔者：“在母婴行业摸爬滚打了那么多年，我对纸尿裤事业情有独钟。从2007年追随大黄鸭到现在整整10年，我坚信它的到来可以让纸尿裤行业变得干净、清澈，自然它的干净离不开品质、责任、良知和情怀。”

很多时候，为何我们看周星驰的电影会流泪？ 因为我们看的正是年少嘻哈无厘头的纯真，它触及了我们心底最深处的那块忧伤。 当我们被现实生活击打得遍体鳞伤，逐渐麻木不仁时，只有在夜深人静时，才会舔舐伤口，再默默回想年少的纯真和无邪。 而这只大黄鸭它不仅仅是一只可爱的鸭子，更是一种精神寄托，它叫：致我们终将逝去的童年。

它永远蹲伏在那里，笑脸相迎，真诚相对，它勾起了我们对童年的追忆。 而且，它旗下的纸尿裤有冯亮这样一群虔诚而勇敢的年轻人在奋力研发、生产和销售，它的品质一如我们的情感，值得我们拥有。

母婴哲学派李建：

身体和灵魂必须同步

出走半生，总能有幸遇到一个非常有趣的人，一个只为自己的快乐装饰未来的人。不曾想，采访李建老师着实是一件非常有趣的事。

《列子·汤问》有则千古佳话：伯牙琴术高明，是位名师，而钟子期则能读懂琴声背后的玄妙。伯牙以高山之意轻抚琴弦，钟子期回对：“我仿佛看见了巍峨高山，欲登峰造极！”伯牙又以流水之意畅弹，钟子期感慨：“江水滔滔，心如明镜当空”。一来二去，伯牙和钟子期相见恨晚，开始琴声瑟瑟。无奈后来，子期去世，伯牙破琴绝弦，终

母婴哲学派李建

身不复鼓。故名高山流水之情实在难得。伯牙摔琴明志，非子期不可。不禁让我想起一个母婴圈个性之人——李建。

这个“母婴圈玩家”实在有趣

众所周知，“玩家”是以游刃有余、有的放矢的心态看透、点透，但不说透的方式来游戏人间。而李建本人颇有玩家意味，他闲时给品牌商、渠道商、终端商讲讲课，再按照自己的喜好创立了很多款高圈产品和服务：善渔黑白道茶、善渔窖藏白酒、圣卜教皇法国红酒、易正堂中医馆等，其产品质量和规格造诣很高，设计更是呈现儒雅至简，而且走限量臻藏路线。当然他最赋予情感的还是 MOOMOO（莫莫）纸尿裤，也许对他来说，莫莫就是他的子期，以至于他每天都要在朋友圈和莫莫对话，并带它飞行在全国各地，实为非“它”莫属。

这款纸尿裤在母婴圈里并非人人皆知，更是达不到大牌纸尿裤动辄上亿的销量，而且渠道市场铺设是完全按照李建的“我看你顺眼，你才可以成为莫莫的代理！”对，就是如此。他给纸尿裤赋予了一款脾性相投的结交式偶遇。自然也有很多人会问，这么个性的纸尿裤，能招到代理商吗？还真有，不少！其中 1/3 的代理商是仰慕李建老师的铁杆粉丝。笔者曾多次从各种渠道了解到大家对李建的评价，最后得知一个答案就是：他从来不走常规路，实在有趣得不得了！

“有趣”在笔者的理解里，他是一个阅历丰富、天资颖异、极具慧根的人。这种人往往看淡得失和荣辱，以身体和灵魂同步来实现生活幸福指数。所以对笔者来说，“有趣”一词应该是对一个人的最佳褒奖。2014 年李建独辟蹊径创立了“歪李谐说”脱口秀，被誉为中国营销脱口秀第一人，短短三年在母婴圈里掀起了一股脱口秀风，他告诉自己：坚守属于自己的“小确幸”，时刻控制自己的欲望。

李建告诉笔者：“我不单纯希望 MOOMOO（莫莫）实现多少产能，多少销售额。不是我不能，是我不想。我会花上半年时间打造一本莫莫宣传册，比如册子上的字必须要烫金，颜色搭配必须大道至简，里面的内容必须结合道家儒学甚至易经且由我亲自撰写，甚至连册子上的丝带蝴蝶结也是我们员工纯手工打结。我希望把它做精贵，做稀有。很多人问我：‘李建老师，你家纸尿裤怎么那么贵？’我什么也不说，直接给他一片试用装或者是宣传册，他们就明白了。纸尿裤是有灵性的，需要坚守等待爱它的人，就如高山应当配上流水情。莫莫值得有情怀的消费者拥有它，来享受它的好质量。”

坚守莫莫纸尿裤只走“精贵”路线

2015 年，莫莫成为米兰世博会全球母婴品牌文化节指定品牌。作为全球性权威三大会之一的世博会，莫莫收获了来自世界各地展商和消费者的盛赞。李建非常自豪地告诉笔者：“这年头谁有独立装纸尿裤，莫莫有。当时评委一看到莫莫的包装和工艺，当场就拍板指定，我还告诉老外：‘这彰显着中国纸尿裤的文化灵魂。’”

莫莫纸尿裤只有两个版式，一个是经典版，防菌独立包，不含荧光增白剂，售价 149 元；另外一款是海外版，弹力大耳朵，自由呼吸防侧漏，售价 218 元。李建坚信：要做就做精品，要走就走高端。为此他还自创了“脱敏定律”：能做到脱敏的产品就是好品牌。何谓脱敏，就是把产品的价格和成本做到没有关系。比如苹果的售价不是因为成本高，而是它的品牌价值值得高价。

打开莫莫纸尿裤试用装，其防菌独立包和魔术扣旁的弹力大耳朵非常吸引人。就目前笔者所知，独立包和弹力大耳朵的纸尿裤在市场上流通的品牌屈指可数，因为生产成本很高，但是莫莫却坚守：消费者怎么方便怎么来。为此李建给莫莫打了一个标签：爱我，就要“莫莫”我！

莫莫纸尿裤经典版

除了 MOOMOO（莫莫）纸尿裤，李建旗下还有宝恩奶瓶(品牌语：爱你更懂你)、善渔辅食蒸米粉(品牌语：善渔米粉“蒸”的好)、善渔黑白道茶（品牌语：拿得起放得下）、善渔窖藏白酒（品牌语：朋友之间不勾兑，由国窖 1573 的首任调酒师吴晓平调配)。诸如此类多种跨界品牌，让李建真是玩得“不亦乐乎”。更让人叫奇的是每款产品都是配方上乘，做工精致并蕴含了丰富的内涵文化，绝对拿得出手，而且还限量供应，李建坚持只送给有缘人。

善渔黑白道茶礼

做人要学会控制赚钱的欲望

从9岁开始，李建就给父亲誊抄《卜筮易宗》《玉匣记》《奇门遁甲》等古典书籍，这些中国最朴素的哲学让李建形成了属于自己的哲学功底，所以当自己进入母婴行业从事纸尿裤事业后，对门店和销售积累了一定的经验后，李建开始了自己的讲课生涯，这种讲课方式跟成功学的销售讲师完全不一样，他诙谐幽默，结合实战，看似一个小故事却透露着人性实操的短板。所以他的课在业内声名鹊起，很多人高价请他去讲课，这时候李建的个性又来了：“跟我谈得来的可以免费讲课”，收费的反而轻易不讲，控制自己赚钱的欲望，就是对自己幸福指数的提升。

如此洁身自好的人对朋友更是肝胆相照。孔小儿推拿创始人孔三景女士告诉笔者："师父跟我说得最多的一句话就是'从业必须爱子敬之，处事必须谦卑仁爱。看他人长思自己过。'每当我遇到事业发展瓶颈，师父就告诫我：'三景，你要感恩你身边的每一个人，他们的到来都会为你的成长献上精彩的一课，天下皆无可怨之人可怨之事。'"

李建坚称自己只想过"小而美"的生活，其麾下的员工大多跟随了他 8 年以上，甚至有近 18 年的。员工们也深受他的浸染，快耍、慢活地陪伴着他，他们经常私下八卦老板："BOSS 是个多情之人，太有趣了，我们要想办法让他开心。"

桓华国际徐英红：
中国宝宝就该用中国人生产的纸尿裤

母婴行业虽为新生行业，但母婴前线有很多这样的人：他们一直在默默做事，努力实践，纵然头破血流也不退缩。徐英红就是在前线行走的那个人，冷暖自知，但从不低头。只知一个劲往前走，走着走着就看到拐点的亮光了。

徐英红是我见过的为数不多的有礼之士，虽然出生草根阶层，但是不管和谁交流，他永远不矜不伐，竭诚相待。岁月的磨砺让他躬守谦卑，生意场上的逐利让他更是如鱼得水，冷暖自知。在和商家客户的沟通交流中，即使他不同意对方的观点，他也会点头表示“对，对”，小眯眯眼轻轻地弯起，整个人轻快敞亮，犹见正派之风。

也许创业对他来说不是一个新鲜词，但对于母婴行业，他却是个新进人士。徐英红经常跟我们开玩笑说：“74 岁的褚时健都能重新创业种出褚橙，响彻中国大江南北，我们为什么

桓华国际创始人徐英红

不可以？ 虽然我不再年轻，但我有的是激情。”

也许正是这种激情，让徐英红跨行创业，在江苏盐城建湖县开办了当地第一家也是国内屈指可数的规范化纸尿裤工厂，他投入了自己全部的身家 1 亿元大刀阔斧地踏上了“民族纸尿裤”的征程。

转型母婴，立志建成一家规范化管理的纸尿裤品牌企业

徐英红的第一桶金是在钢材贸易中赚到的，1997 年徐英红凭借在钢材行业的多年打拼正式组建团队成立钢材贸易公司，为全国各地的房地产公司输送钢材，凭借守信、实在的从商准则，徐英红在钢材行业收获了一定的口碑和丰厚的收入。

2008 年前后，房地产行业发展空前绝后，但市场供求关

系发生了变化，钢材市场从“卖方市场”转变为“买方市场”，但徐英红依然能凭借自己的人脉积累和资源整合，重视钢材的质量，坚持不做劣质钢材，并为终端房地产商提供“一条龙”全方位服务，即使在采购价格处于劣势的情况下，也能在仓储物流、加工配送和资金运作上胜人一筹，年利润高达几千万元。

2015年，钢材贸易的利润空间紧缩，房地产商的资金回笼出现问题，赊账欠账周期开始拉长，徐英红意识到这个行业遇到了瓶颈，必须见好就收。虽然这些年的打拼让他收获了财富，但他并不满足于“岁月静好，坐享其成”的日子，他身上的不安分因子时刻敲击着他：做贸易不是长久之计，我得为我的子孙后代留点什么。

海明威曾经说过：优于别人，并不高贵，真正的高贵是优于过去的自己。花了半年多的时间进行项目市场调研后，徐英红把创业项目锁定在纸尿裤品牌的生产和销售。今天的母婴行业不再有市场红利期，只有时代发展下消费者的品牌服务需求，于是徐英红决定做出一款品牌纸尿裤，为子孙后代留点念想和传承。

随即，他又花了半年多时间参观了国内20多家纸尿裤工厂，发现很多纸尿裤工厂流程不规范，管理无序，老板和员工的处事态度不一致，生产材料都散乱在工厂的任意一个角落，这样的工厂怎么能生产出好产品呢？

母婴行业是块大蛋糕，而纸尿裤作为易耗品，只有在保证质量的前提下，才能收获属于自己的品牌价值和前景。徐英红甚觉自己必须紧抓这个机遇，改变纸尿裤工厂生产环境和生产管理的不足，做成纸尿裤规范性标杆企业，让自己的品牌成为一个百年品牌。

“我引进国外先进的科技设备，立足多年累积的先进管理体系，强化建设企业文化，我要做一款与众不同的纸尿裤。”徐英红的心动让他迅速行动。

2016年年初，徐英红决定回家乡盐城市建湖高新技术开发区建厂卖纸尿裤，找当地政府批了50000平方米的工业用地，一排排整齐规范的厂房拔地而起，徐英红还花了2000多万元购买了先进进口设备，引进了三条生产线，大刀阔斧地干起来了。

对于回家乡建厂创业，徐英红有自己的情怀坚持：“我把工厂建在建湖，因为这是我成长的地方，我把这次的创业当作我毕生的信息，我想给家乡做一个口碑，为家乡的发展和就业做一点贡献。”

历经坎坷，只想做一款专为中国宝宝定制的“中国智造”纸尿裤

2016年中旬，徐英红把工厂取名“桓华国际”，主打卡贝乐和洁洁娃这两个纸尿裤品牌。

“横看成岭侧成峰，远近高低各不同。”投入了一个亿建厂进设备招人，徐英红干得风风火火。但是生产容易，销售

很难，在全国铺货建设销售渠道的时候，徐英红才知道真正做纸尿裤并不是自己想象的那么简单，产品的品质、价格、品牌知名度和销售渠道是非常错综复杂的，任何一小块的衔接失利都可能会导致整个销量的滞后。

江苏桓华婴儿用品有限公司

做钢材贸易的时候，每个环节都亲力亲为的徐英红在做纸尿裤的管理上开始力不从心了，他发现纸尿裤是一款真正的高科技产品，没有渠道铺设就直接建厂生产是一个非常重资产的运作。

摒弃以往的小作坊照抄照搬的模式，徐英红发誓要建国内首屈一指的标准化工厂，仅在研发和生产管理上他就交了1000多万元的学费，却不成见效。最后无奈地把还在加拿大留学深造的儿子叫回来负责采购和生产成本的核算。

徐英红深刻意识到自己的知识体系薄弱，但却尝试着告诉自己不要急，他坚信老板的知识体系到什么程度，纸尿裤就能做到什么程度。于是他又陆续在母婴渠道铺设上和人才管理上投入重金进行企业销售管理的变革，并数次报名母婴培训行业，学习专业的母婴行业知识和企业管理。

2016年年底，半年时间桓华国际只收获了700万元的纸尿裤销售额，这让在商场上沉浮多年、所向披靡的徐英红未免有些落魄。

徐英红开始思考：创业路上是不可能一帆风顺的，遇到问题必须及时解决问题，让消费者从认知到认可需要一个过程，这个过程消费者都不着急，我为什么要那么着急？于是徐英红在强化企业管理、抓生产的同时，决定打造一支铁军销售团队，重点铺设纸尿裤销售渠道。

2017年年初，徐英红带着团队下市场，去全国各地的三四线母婴店推销卡贝乐纸尿裤，他苦学当地方言，和母婴店老板深聊自己的产品优势，并现场测试产品品质，连续出差长达三个月，跑了500多家母婴店，终于把卡贝乐纸尿裤深扎到全国三四线城市的乡镇母婴店。

在大力推销自己品牌渠道的同时，徐英红通过母婴协会和各大峰会的资源力量迅速接洽各大母婴连锁机构代工纸尿裤，让工厂的生产线保持高速产能，使企业的业务拓展上升到一个新台阶。

截至目前，徐英红生产的卡贝乐和洁洁娃纸尿裤在全国2000多家母婴店铺货售卖，仅4个月就收获了2000万元的销售额。

销售渠道铺设刻不容缓，但是产品研发和生产也是重中之重。

采用全球标准化全自动、封闭生产线是桓华国际的一大亮点，通过微生物监测生产环境的温度和湿度来控制流水线的运转，一旦封闭舱门开启，流水线瞬间停止工作，杜绝一切可能的人为污染。

很多品牌的试用装都采用的残次品，而桓华国际出产的纸尿裤其产品试用装全部按照一级品质要求，杜绝使用二类残次品，凡是从流水线上被剔除下来的产品全部切碎捣毁和进行集中销毁处理。

对产品的力求完美让卡贝乐纸尿裤在市场上出现了零售后，徐英红坚信中国的纸尿裤品质在世界上是处于领先地位的，他劝诫宝妈们，不要盲目追崇国外大品牌。

他表示：国外的纸尿裤原材料都是用的纸制品，我们中国这种热风无纺布在国外都还没有被使用。 现在中国的正规厂家用的是热风面层，高分子用的都是超薄的芯体。 而国外都是用木浆，木浆的成本是我们的一半，生产出来的纸尿裤还非常厚重，不如我们自己生产的超薄舒适和贴肤，价格却比我们国产品牌的售价还高。 我们国人的消费理念应该改变，我们中国人生产的纸尿裤是专门为中国宝宝定制的，最贴合中国宝宝的需求。 而国外品牌不是，它们只为本国的孩子服务，所以我们国产品牌要自强，用我们的优质产品改变宝妈们的消费习惯。

不把员工当兄弟，没人和你上战场

作为盐城市劳动模范和建湖县人大代表，同时又是建湖县十佳创业之星，徐英红的桓华国际成为了当地的规模企业和重点企业。 而这些荣誉的背后无疑跟他的人品有莫大关系。

徐英红在企业文化管理上对员工的衣食住行非常重视，他能够将工厂里的每个员工，包括保洁和厨房阿姨的名字熟记于心。 徐英红每天和员工们一起在食堂吃饭，四菜一汤荤素搭配，还为他们在厂房里开设了互动室、运动室、阅读室和卡拉OK 室等，员工加班太晚还有专门的四星级公寓入住。

除却这些，徐英红还经常给员工开思想小灶：“只要你们进入桓华，桓华就是你们的家。 有任何困难，可以跟我说，我们一起面对和解决。”去年盐城有一个县因为龙卷风损失惨重，徐英红发动厂里的员工筹集资金去赈灾，干得不亦乐乎。

他自嘲道：“其实这样做，我是有私心的，你对员工好，员工才会回报企业，为企业创造财富。 我年轻的时候在北京打工 5 年，我的老板对我非常好，他对我的好让我全力付出，拼命工作，毫无怨言。 今天我想把这样优秀的企业文化带到我的企业里，让我的员工在这里有更好的发挥和收获。 我坚信，你给员工吃草你将迎来一群羊，你给员工吃肉你将迎来一群狼。”

自然，对徐英红来说，他的苦心经营让纸尿裤工厂的生意出现了转机，他赋予这个品牌的无限耐心和期许让他自己把这份事业干透，直到收获成功。

叔本华说，老年时最大的安慰莫过于意识到：已把全部青春的力量都奉献给了永不衰老的事业。

卡贝乐纸尿裤

对徐英红来说，纸尿裤的江湖才刚刚开始踏入，而谁的内心没有奔腾的千军万马？

如今很多投资者都将目光集中在了母婴用品等实体商品的销售上。其实，这一方向门槛不高，但是竞争非常激烈。因此，参与者想从这一领域杀出重围，难度着实不小。但是反观母婴发展趋势，目前并没有出现格局化的领袖企业，却是一片不可多得的蓝海。

也许对母婴从业者来说，不管是卖产品还是卖服务，不变的是都有一种品牌的情怀。

连锁渠道匍匐前行

据不完全统计，中国有近30万家母婴门店，大部分布局在乡镇城市。笔者调研发现，一个地级市有1000多家母婴门店都不稀奇。虽然母婴门店遭受电商冲击，但是它们的生长速度却如雨后春笋。如何从产品思维转型为服务思维，如何从有人情味的夫妻店转型为具有商业模式的连锁店，是每个终端母婴人都该思考的问题。庆幸的是，这些人出生于草根，立足于终端，对母婴事业的热爱从来都是不离不弃。

阿拉小优李茂银：

“互联网+”是实体经济的回归

李茂银认真、努力、谦和，具备商业战略眼光，他身上兼具商人和文人的双重气质。今天的阿拉小优，是融合“互联网+”的母婴实体企业良性回归的范本：凭借引领行业的战略远见、与时俱进的创新模式、全方位的资源整合能力以及高效的执行力；以母婴为入口，让未来消费的综合资源整合平台正在快速形成。

阿拉小优李茂银

对李茂银的第一感觉是：此人仪表堂堂，谈吐中有股谦谦君子风范。豁然让人想起《诗经·淇奥》里的“有匪君子，如切如磋，如琢如磨。有匪君子，如金如锡，如圭如璧，宽兮绰兮。”在百度上搜索他的资料方知他毕业于名校清华大学，同时还是清华大学的 MBA 校友导师。

作为阿拉小优母婴连锁平台的联合创始人，李茂银在母婴行业浸润了 14 年，是个“土生土长”的母婴人。他把阿拉小优从一家奶粉专营母婴店扩张到全国拥有 3000 多家连锁加盟店后，就迅速改变战略目标，遏制加盟扩张，专做精细化运营的打磨。在其他连锁加盟店还在探索产品价格战、抢占渠道市场占地为王的时候，李茂银已经开始布局大数据集成系统来植入运营旗下加盟母婴店，用服务来增值整个母婴加盟产业链。

2017 年，李茂银把阿拉小优重新定义为“以母婴为入口的全球资源整合平台”，果断打破连锁加盟机构的种种禁锢，让业界对此赞不绝口，可见李茂银对商业模式的独居匠心不是一般的“深刻”。

歪打正着，阿拉小优成为母婴连锁加盟的开创者

生命的际遇往往蕴含着奇迹，沉默不是无声，而是为了更有力量的爆发。接下来，让我们一起来倾听阿拉小优的“前世今生”。

2006 年年中，李茂银和他的团队在奶粉行业一路厮杀，当时奶粉主要销售渠道是在商超，但是商超入驻成本高，品牌竞争非常激烈，业绩却迟迟上不去。“嗅觉”敏锐的李茂银深感渠道单一会遏制产品全盘运作，于是经过紧密深入的渠道市

场调研，李茂银把目标锁定在母婴店，以期通过母婴店来刺激奶粉销量。

2006年9月，第一家阿拉小优婴童店在江西抚州成立，开业三个月营业额就超过商超单店营业额的5倍。开门红的喜庆深深刺激了李茂银的感官，他迅速摇旗挥进阿拉小优全国婴童店加盟战略，发动原来做奶粉事业积累的900多个业务人员和3000多个导购员，以及几百个经销商，尝试说服他们回老家开婴童店，还说服他们亲戚回家开店。这样的裂变速度，让阿拉小优从2007年3月到2008年初仅一年的时间，全国加盟店就突破了1000家，成为中国母婴连锁加盟概念的开创者和实践者。截至目前，阿拉小优记录在系统体系里的有3000多家加盟店，该系统是孕婴童行业首批通过国家商务部备案的具备全国连锁经营资质的系统，是中国优生科学协会战略合作伙伴，是上海优秀连锁品牌，目前在全国的门店已超过2000家。阿拉小优以其服务专业、品类齐全、质量保证、覆盖面广，真正为母婴提供了一站式服务，并成为婴童行业最有影响力的婴童连锁之一。

母婴连锁加盟的迅速发展让李茂银享受到了母婴行业的第一波红利，原来只是想解决奶粉渠道问题，却歪打正着地成就了另一番事业。在迅猛扩张的同时，阿拉小优的加盟店销售额节节攀升，一个30多平方米的加盟店一个月的奶粉营业额最高达20多万元。江苏淮安的一个平台商负责的30多家阿拉小优加盟店，当初只是100平方米左右的乡镇门店，加盟阿拉小优两年后，拥有了3家400多平方米、10多家200多平方米左右的母婴店，而每年营业额增长率都在30%以上。

发展如此迅猛的阿拉小优成为孕婴童行业首批通过国家商务部备案的具备全国连锁经营资质的机构，还成为中国优生科学协会的战略合作伙伴，以其服务专业、品类齐全、质量保证、覆盖全国的优势成为母婴行业的佼佼者。当加盟的速度赶超了营业额的速度，李茂银的战略才华又一次显现，他迅速植入精细化运营，不再盲目扩张加盟数量。

2015年，阿拉小优开始尝试用互联网电商系统软件增强营运服务能力，并在O2O（含微营销体系）、社区、POS系统、网上学习平台、CRM会员管理系统等互联网工具的武装下，从传统的母婴零售店成功地向智慧门店转型！同时雅培、贝因美、光明等知名企业、母婴护理等知名产业的强强联手更是让阿拉小优如虎添翼！

扩张已成过去式，O2O精细化运营是母婴产业发展的关键一环

说到企业能良性稳健发展的秘诀，李茂银倏然一笑："我们的加盟门槛非常低，但是运营指导和数据营销是重中之重，让3000多家加盟店都装上阿拉小优的POS系统，不但方便了销售数据的采集，还可以根据营业额高低进行点对点的运营指

导，这保证了加盟店的管理、运营和阿拉小优的总部进行无缝衔接，更有一种归属感和荣誉感，所以我们克服重重困难坚定不移地推动着。而商业竞争中，物竞天择是商场基本游戏规则，阿拉小优也在蓬勃发展的11年历程中制定了一系列考核标准，通过评比方法和淘汰机制让加盟店数量在精不在于多。”

在全国加盟招商的过程中，李茂银尤其重视地方平台商的力量，为了使地方平台商充分发挥其潜能，阿拉小优在2016年年底启动“整店输出”战略，推动以平台商为单位的商品统一、质量统一、活动统一来促进产品销售和母婴增值服务。

阿拉小优 Logo

仅推出几个月，就有1000多家加盟店具备了整店输出的能力，实现了以平台商为单位的共赢默契。启动“整店输出”是李茂银思考了很久才做出的决定，中国母婴市场很大，布局很广，每个地方都有自己的人文风情世故，只有当地的平台商才对当地的母婴店有全面透彻的了解，所以阿拉小优必须做出“接地气的”决策来盘活当地母婴市场，在当地设置一个授权服务机构，以平台商为单位做平台输出，互通有无，协同合作，再根据每个地方的特定市场环境做区别对待，高效运营当地母婴加盟店。

在产品利润空间越来越小，服务是利润的中坚输出点的年代，阿拉小优摒弃以高加盟费、产品差价利润去盈利的商业模式，而是用O2O平台服务和会员的增值服务来让母婴店的生意起死回生。这种大数据集成体系的整盘输出，让线下母婴店的凝聚力更加强大，因为未来的商业发展史是“科技改变人类的需求”。

随着母婴消费人群对母婴产品价格的关注越来越少，而对品质和服务开始多样点评的时候，李茂银深感阿拉小优的O2O平台模式的启动必须尽快，刻不容缓。

“O2O不是概念，光有线上是不够的，它需要建立在足够的需求认知和完善的线下网络服务的基础之上，在泡沫之后，是真正意义上的实体经济‘互联网+’的回归。”阿拉小优联合创始人李茂银说道。

在O2O电商平台初推阶段，阿拉小优也遭受到了线下母婴加盟店的强烈反对，怕自己的生意遭受到电商冲击，把线下的客户资源全数抢走。李茂银力排众议，加速系统对接和推广，并通过线上促销活动为线下门店引流的方式，来教育和培养门店的经营习惯，让互联网效率深入到每一家母婴加盟店中。

“阿拉小优的O2O不是一个卖产品的O2O，它是一个以产品展示为主，为线下引流用户的工具。我们把线下的活动经过包装和策划，通过公众号、APP和社群搬到线上去宣传，再引流到线下去购买，这是个非常完整的助力实体母婴店的方案，可以提升门店的效率和便利性。而商城的商品现阶段不是重点，只有供应链高度整合能实现线上线下同质同价时才完全对接，否则对线下门店是灾难，现阶段产品类别线上线下也是区分的，这一切不仅是为了以后的资源大融合做伏笔，更是为了保护门店利益，让门店既能实现与互联网的融合又不受线上冲击。”李茂银表示道。

2016 年，阿拉小优 O2O 平台成功进入到门店运营体系，它最主要的功能是：拓展门店商品品类(门店可以直接与跨境购平台对接，购买国外产品;同时也可以销售总部电商平台上的成千上万种商品)、增加分销渠道(通过微店、APP 让门店会员开微店成为门店的直销员，将不是门店的客户变成门店客户)、强化会员管理(通过系统对会员进行有效的管理和互动，增强会员黏性)、低成本高效率地开展促销活动(通过系统自动进行促销信息发布、优惠券的发放、砸金蛋、抽奖等丰富多彩的活动)、整合社区资源成为社区服务平台增加收入来源(通过 O2O 平台将门店周围的产品与服务项目嫁接到阿拉小优的平台，获得额外的收入)，以便让门店突破发展瓶颈提升整体销售水平，有效与电商对接，实现长期发展盈利。

位于陕西的一家阿拉小优平台商，通过电商系统的成熟运营，一天的一个品牌奶粉销售额高达 18 万元，其中的一半用户是通过平台的促销券和宣传海报文案引流到当地线下购买的。

企业战略转型犹如涅槃重生，虽痛犹荣

目前阿拉小优已覆盖了安徽、江苏、江西、湖北、四川、陕西等地的省会城市和大部分乡镇，除西藏、新疆、内蒙古外，阿拉小优已遍布中国大江南北。良好的商业盈利模式和企业内部造血功能，让阿拉小优从来不愿涉足融资。李茂银本人更是低调地只埋首企业内部营运，出去给母校清华学子讲课和参加社会活动也是来去匆匆。

为了让实体企业抱团取暖、共荣共赢，阿拉小优还牵头成立了“童萌惠”，共同整合供应链资源，以股东合伙、抱团取暖的方式来描绘母婴实体经济发展蓝图，目前童萌惠线下门店已经有7000多家（含阿拉小优），2016年全年销售规模达到110亿元，合伙股东97个，全国130多个优秀婴童连锁系统入股童萌惠。

实体企业转型并非易事，阿拉小优在发展的路上也交了很多“学费”。为了打造线下供应链，融合线上线下资源，李茂银花了整整三年时间进行调研和实践，累计投入5000万元进行O2O平台的研发推广，从O2O平台的1.0版本到现在的3.0版本，李茂银带着他的互联网团队用时间和坚持印证了收获：截至目前，互联网部门在广告创收和金融合作等方面已开始实现收益。

李茂银表示：“阿拉小优的目标非常明确，我们要打造以

母婴为入口的全球供应整合平台。我们不是每一步都走得那么稳，那么准。我们走过很多弯路，也交过很多学费。但是我们战略定位和经营理念是恒久不变的，所幸我们的坚持使我们有了很强的领先优势。”

现如今，中国母婴人群的消费渠道已经发生了翻天覆地的变化，十年前，母婴产品的销售有80%～90%是在商超产生的。现在以奶粉为例，有50%以上的销量是在母婴店完成的，30%以上是在电商输出，剩下的10%才会在商超输出，而且商超的占比还在继续下降。尽管实体母婴店依然承载了大部分母婴产品的销售路径，但是自2015年阿里巴巴、京东、苏宁摇旗呐喊在线下开数万家实体体验店的时候，实体人的危机感尤其深重，单打独斗只能变成“大鱼吃小鱼，小鱼吃虾米”里的虾米。唯有抱团取暖，创新运营和管理，才能经受住电商平台的冲击和洗礼，这也是李茂银坚持要在O2O平台一路走到黑的原因。

“现今电商更新速度迅猛，背后还有资本运作，席卷速度是非常快的。我们实体人经常会说野蛮人打劫这不无道理，资本运作下往往会有外行人来颠覆行业，所以三年内对我们线下门店造成困扰的不是我们隔壁门店的竞争，而是京东和阿里他们到线下来开店了，他们实体店布局是一种服务、一种展示和一种体验。实体人要崛起，必须充分发挥实体母婴店的核心竞争力，在母婴这个行业，线上离不开线下，线下离不开线上，所以我们必须以开放和学习的心态做融合才是唯一出路。”李茂银分析道。

稻盛和夫曾经说过：企业家为了做强做大，绝不恪守形式，甚至可以不要自尊，而必须拥有特殊的战斗力。与一般人想象的不同，这种特殊战斗力表现为一次次“回归零”的能力，表现为与自己和企业的每一个新生发生接触的能力。阿拉小优在一次又一次的战略调整和布局中，空杯吸收和创新，让实体经济更好地承载电商的突变，这何尝不是一种良性回归？

爸爸爱母婴连锁唐利：

初心不改，归来仍是少年

深入母婴人内心后发现，他们比我们想象中更勇敢，更努力，更有情怀。母婴行业其实非常简单，就是为妈妈和孩子服务，我们只要保持良知，给他们爱的服务就可以。爸爸爱母婴连锁有100多家精耕细作的门店，承载了唐利整个家族的骄傲，它是唐利带着信仰去从事的事业。在这个变化万千的行业里，无论风雨如何洗涤，唐利依然是个磅礴满志的青春少年。

爸爸爱唐利

在西部奶粉大会上，笔者第一次见到唐利。他不善言辞，但是表情生动，目光清澈，一张娃娃脸上不管注视着哪个人都咧着嘴微笑，小酒窝在笑声中若隐若现。

在大会上，汇滋力总经理肖志华一见到他就开始“勾肩搭背”，直喊：兄弟给力。而大黄鸭总经理冯亮告诉笔者“唐利在母婴圈人品一流，不管是为人还是做生意，哪怕是办货款，都是立马打款，从不拖欠”。后来多次采访唐利，他依然微笑地表示：做人做事，都要清清白白，事前深思、事中相信、事后坚守。

“母婴前沿”网主编和爸爸爱创始人唐利合影

在此，让笔者为大家详述在母婴江湖做得风生水起的“爸爸爱母婴连锁”。

爸爸爱母婴连锁是潜伏在湖南岳阳的地级市母婴连锁“主力军”，它拥有44家直营店，70多家加盟店，专注打造三四线城市及乡镇母婴店的“小而美”。为了这份事业，唐利整个家族都从事母婴事业。对于母婴的热爱，他有着矢志不渝的坚守，因为这份事业改变了其整个家族的命运。

用“商业管理思维”死磕恶性母婴市场

2008年，因为家庭原因，唐利决定离开了任职8年的圣元奶粉。在京城的夜幕笼罩下，圣元的同事为他送行，唐利的内心是百感交集的。两人喝酒畅谈到深夜，对面的便利店依然灯火通明，唐利仿佛看见未来的母婴门店应该就是便利店的这个样子：为消费者带来便利性又有温暖的人情味。于是唐利回到岳阳后，立马在城乡接合部开了第一家母婴门店。在整个家族礼教中，“爸爸”是具有重要传承意义的，于是唐利把母婴门店的名字取名“爸爸爱”，并申请了商标注册。

那时候母婴产品的主战场在商超渠道，母婴门店的兴起对整个行业来说，正是试水阶段。而唐利开的不到100平方米的小门店根本不会得到经销商和品牌方的重视。当地经销商给的供货价格非常强势，甚至在送货时间和补货配送上恶意拖延，哪怕给现金订货都拖延一个星期还不发货，这让唐利非常生气。觉得这样没有商业诚信的经销商不能再选，这样的品牌也不能再售卖，必须要改变一个思路去调整自己的商业模式，他坚信：哪怕再小的母婴门店也是个品牌。

爸爸爱 Logo

于是在2011年前后，唐利布局了岳阳市周围的母婴门店，把爸爸爱母婴连锁开到了11家直营店，再拿着这样的门店数量和资质去和品牌方谈判做经销代理。自己谈代理优势还不够，唐利还联合其他的经销商组成联盟去和品牌方洽谈代理，收获颇丰。从此再也不用低声下气地求助经销商，再也不用为货源不稳定而发愁。

在唐利的不断努力下，2013年，爸爸爱已经拥有了18家直营门店，全年营业额突破了3000万元。在此期间，唐利把在圣元学到的先进管理经验全盘输出在了门店精细化管理和运营上。他用5年的时间让团队、资金、管理和运营体系一脉相承，用企业制度去完善管理和流通，让前后端系统呈现。前端就是门店，后端就是有参数的供应链精细化管理，完善配送、运营、采购等组织架构。为强化品牌黏度和可持续发展力，唐利还为爸爸爱制定了年度发展规划、年度运营计划和商品品类组织计划等全面打造爸爸爱的商业模式。用他自己的话来说：这个套路需要时间洗礼，而我对爸爸爱不是只把它当作赚钱的生意，它是有战略打法和战术上的升级。

和飞鹤奶粉的“相濡以沫”

2008年三聚氰胺事件爆发后，整个国产奶粉市场非常低迷。但是唐利却出于一个国人的良知决定要力推一个国产品牌来为市场传递正能量。于是他把目标锁定了“飞鹤”，那时候的飞鹤并不出名，市场营销渠道并未真正打开。唐利花了整整三个月时间去调研了解飞鹤，发现它是一个非常注重品质的奶粉品牌。当时飞鹤对外界宣布为了让中国宝宝喝上放心奶粉，决定做全产业链，这让唐利非常看好。于是他给飞鹤市场部写去了一封长达3000多字的信，信里详述了自己对飞鹤的品牌价值认可，并植入作为国人希望国产奶粉崛起的情怀，表达自己想和飞鹤品牌一起共同成长的决心。

10天以后，飞鹤就有了反馈，他们同意了唐利的要求，但是需要50万元资金才能成为飞鹤的省代。当时的唐利为了扩张门店数量，已经是四处借钱筹款了。但是面对飞鹤这块蛋糕，唐利咬咬牙对他们说："没问题，我会拿出50万元成为飞鹤的岳阳地区代理。"

从2008年开始，唐利和飞鹤奶粉相濡以沫式地走过了9个年头。现在的飞鹤奶粉是爸爸爱母婴连锁的头号力推奶粉品牌，平均每个月销售额都在100多万元以上。2017年9月，飞鹤董事长冷友斌特地来到岳阳市场进行走访调研，从品牌合作衍生出来的信任成为双方事业的奠基石。

爸爸爱创始人唐利

唐利告诉笔者："爸爸爱成立9年来，我们主动淘汰的品牌不超过3个。除非是厂家或者品牌方不做了，除了这个原因，任何的变故都不会影响我们的合作。我是个认死理的人：一旦信任，必不离不弃。”

热爱母婴门店，用商业模式打磨

2014 年突现母婴门店倒闭潮，很多门店倒闭的原因就是盲目扩张。2009—2013 年是母婴行业的红利期，只要开店就能赚钱。很多门店老板都以为自己拥有大量的客户资源，黏性强，扩张势在必行。但是随着电商的冲击和互联网思维的兴起，盲目扩张的母婴门店也因为运营和管理的欠缺而面临着高额的亏损，于是连锁门店的老板如无头苍蝇般浮躁恐惧。

在这样的商业环境下，爸爸爱母婴连锁却一直保持稳健有序的发展，门店加盟数量越来越多，这离不开唐利一开始的精细化管理体系的架构打造，更离不开他发自内心的“小心谨慎”和“忧患意识”。

“我是一个母婴人，我热爱这个行业。在成立爸爸爱之初，我就坚守爸爸爱是一种责任，一种担当，更是一种情怀。爸爸爱门店展示的每一款产品，都是我自己亲自把关调研，确保产品品质优质，并和优秀的供货商深度合作所呈现的产品。从入库到消费者手中，爸爸爱严查每一道关卡，并建立全套消费保障体系，为母婴人群提供健康优质的品牌和服务。我是孩子的父亲，更是母婴事业的守门人，坚守良知做事，就会发掘事业乐趣。”唐利如是说。

2014 年，爸爸爱母婴连锁启动加盟招商项目，除了打造岳阳市的“一公里商圈矩阵”门店，还在湖南长沙、常德增加了门店。计划把在岳阳运作的爸爸爱成熟的加盟模式复制到其他地区，这种加盟模式不仅仅是交个加盟费就草草了事，而是进行合伙人模式共同打造门店升级。爸爸爱除了提供资本支持，还帮助门店提供货源升级，并植入门店精细化管理扶持门店发展，让门店生意“起死回生”。在销量转化率的提升下，爸爸爱还为母婴门店提供整店输出和整体服务解决方案，并融合大数据管理，让加盟门店和爸爸爱品牌产生商业利益最大化的强链接。唐利告诉笔者：现在爸爸爱旗下的100多平方米的加盟店一年做到150万元营业额的比比皆是。

爸爸爱除了连锁加盟方式外，还于2018年初在衡阳和湘西成立了分公司，采用联合投资的方式去开辟区域外市场，帮助当地的母婴门店连锁做成当地的“地头蛇”。这种“双品牌双门头”的商业思维战略让当地母婴人迎接行业变革，共同做大做强。

唐利对此表示：“一方水土养一方人，这个行业很多人都很有才华和能力，但缺少顶层设计和品牌运营概念。我希望爸爸爱的角色是强化品牌运营，未来希望将管理权、执行权和投资权分离，让更多有能力、有胸怀、有格局的门店或者经销商共同参与进来，大家一起把母婴门店当商业模式来运作，而不仅仅是做生意。只有顶层设计做好，方能战略清晰，定位准确，团队执行效率高，未来就更有价值。”

爸爸爱是唐利心田最真的坚守

每年，唐利都带着他的几百号员工在岳阳五星级酒店开年会，还会邀请优秀员工的家属和 VIP 会员来到现场一起见证员工在工作中的突出表现。从 2012 年开始，唐利就给所有员工买商业意外险，并给优秀员工配备了 5000 多元的苹果手机。除了员工关怀和福利，学习深造是唐利一贯坚持倡导的提升机制，爸爸爱平均每年花在员工培训管理方面的费用不低于 50 万元，这样的结果是爸爸爱六七十个人的管理层矢志不渝的选择和爸爸爱一起成长奋斗。

2017 年 9 月，爸爸爱母婴连锁被中国商务信用平台评为“中国诚信企业”，其信用档案在商务部官方网站有备案存档。2017 年 10 月，爸爸爱母婴连锁获得了由行业专家评选、消费者投票、京正颁发的“中国 TOP10 婴童店先锋奖”。而唐利本人获得了“中国孕婴童渠道贡献人物奖”。面对这些荣誉，唐利只是莞尔一笑：“我表面看起来波澜不惊，内心实则波涛汹涌。我太太说我爱折腾，但我内心相信，爸爸爱是我心田最真的坚守。”

2018 年，爸爸爱计划在全国直营加盟店总数能达到 130 家左右，唐利要把湖南岳阳市区的“一公里商圈”用爸爸爱来打透，并积极引进增值服务项目来充实门店精细化管理，让爸爸爱母婴连锁成为消费者高强黏性的服务体验店。

通过唐利，笔者想起了孙衍说的那句话：愿你出走半生，归来仍是少年。我们跋山涉水穿越红尘，抵达的不是远方，而是内心最初出发的地方。我们饱经的风霜，历练的人事，都是生命里温柔的灌溉。愿母婴行业多些唐利这样的初心人士，让行业的未来更加清澈和真诚。

南国宝宝刘江文：
最好的商业模式是门店联合起来掌握自己的生死权

南国宝宝用两年时间发展出了150家母婴连锁门店，2017年全年销售额做到了3亿元。南国宝宝母婴连锁创始人刘江文是个非常有战略格局的人，儒雅之风的背后是对母婴门店的期许。他告诉笔者："如果我们门店都不联合掌握自己的生死权，谁又会真正帮助门店进行变革共赢？母婴门店不是行业的脚踏板，它应该是前行中的命运连体人！"

作为一家后起之秀，刘江文的南国宝宝母婴连锁是值得让行业为之侧目的。2016年，刘江文带着他的团队用不到两年时间便使南国宝宝取得了拥有140家母婴门店、500名员工、3亿元年销售额的成绩。

用刘江文的话来说就是：我们门店不联合掌握自己的生死权，谁又会真正帮助门店进行变革共赢？ 母婴门店不是行业的脚踏板，它应该是前行中的命运连体人！

母婴十年：不想让经销商夹缝求生。

南国宝宝母婴连锁创始人刘江文

《法言·君子》中说："通天地之人曰儒。"儒雅，既是生活的积累，更是对人生的态度。笔者第一次见到刘江文是在京正主办的高峰论坛上，他戴着眼镜，言语倾出儒雅之风。他问笔者："你们'母婴前沿'的商业模式是什么？"当时笔者一阵思维短路，但还是理直气壮地告诉他：我们有很多种盈利方式。

在圆桌论坛上，刘江文分享了南国宝宝母婴连锁的商业模式，台下几百家母婴门店听得津津有味。他是如此谦逊而真诚地分享，仿佛他希望台下的门店能立马复制南国宝宝的商业模式，找到盈利突破点。于是，笔者开启了对南国宝宝的采访之路。

2013 年，刘江文在海南国健生物工程有限公司及安徽国健母婴用品有限公司担任总经理时，发现加盟店非常不好控制，就在安徽阜阳这个人口众多的城市，母婴店非常多，前后有十多个母婴连锁系统。这些连锁旗下有的多达 100 多家加盟店，但是他们很容易变换门头，都是年初挂这个招牌，因一点合作不顺，年尾又挂别的招牌了。

南国宝宝母婴旗舰店

于是他就开始分析行业趋势，研究商业模式。他坚信只是单纯的加盟是没有任何希望的，加盟很难改变商业的本质，而上游和下游的博弈关系若没有得到有效处理，是无法把母婴门店紧紧地锁在一起的。对商业模式的深究让刘江文发现未来供应链方面的发展趋势是：母婴连锁向供应链化方向发展，而供应链又向渠道化方向发展，最终向供应链与渠道一体化的方向发展！凭借单独的供应链、渠道化公司都难以发展壮大！同时整个母婴渠道的发展趋势是向着连锁化、规模化、寡头化、互联网化方向发展！

“用体量去支撑销量，战略规划母婴门店的联合大布局，形成母婴门店矩阵，联合后产生的销售能力，完全可以自己去跟厂家进行直接联系合作，砍断中间商这个环节。”当刘江文告诉笔者这个商业思维的时候，笔者是持有怀疑态度的，母婴行业的商业模式对“砍掉中间商利润”是有争论的。

但是刘江文带着他的团队开始大刀阔斧地行动了，母婴行业的渠道特征在全国每个地方都不尽相同，比如连锁店发达的地方，经销商就举步维艰；单体店发达的地方，经销商就暂时比较滋润。若把经销商和母婴门店进行大整合，迎合未来供应链与渠道一体化的大趋势，联合发展大连锁，这不失为一条前瞻性的新出路。刘江文决定要自控渠道，加强整合母婴门店的关系，于是南国宝宝应运而生。

南国宝宝的商业模式是众筹的商业思路，第一，众筹，大家把各自的资源优势整合在一起，各取所长，变成大家的共同利益；第二，分享，运用利他的经营思想，让利益下沉，越在下面的越先收益；第三，轻资产，大家共同走在一起成立一个新公司，大家都不需要额外投入资金，只进行资源股份置换；第四，低风险，由于在原有的门店上锦上添花，所以避免了盲目开新店漫长的养店期及亏本风险！

南国宝宝品牌标识

2016年年初，刘江文在海南岛带着他的商业计划书找到了几家小型母婴连锁门店开始进行沟通，这种不需要投入资金，还能解决供应链渠道所遇问题的商业模式受到了门店老板的欢迎，于是相同的理念使他们走到了一起，正式创立了南国宝宝。

刘江文又通过南国宝宝总部下面设置子公司的方式，整合地方的母婴门店老板共同成立地方的南国宝宝子公司。每一个地方子公司都由总公司占股51%，当地门店的资源方占股49%，然后用子公司的49%股份资源置换地方门店51%的股权，这样双方都不用出一分钱，还能责权清晰，进行有效的管理整合。这样的公司注册后，母婴门店老板旗下的门店就成了南国宝宝的连锁直营店，通过刘江文设置的总部八大部门体系，门店可获得商品、配送、营销、管理、推广等全方位的服务，基本上第一年整合门店平均增长率可就达到50%以上并呈递进式发展。

海南乐东有一个贝贝康母婴门店老板，拥有两个门店，整合前一个月的营业额为20多万元/（店/月），当时个体户老板对这方面也不太懂，对门店管理系统更是不知道怎么用，有些存货还面临着过期的风险，对补货预警更是无知觉。两家门店一个月净利润只能挣2万元，全年也就赚20多万元。当南国宝宝找到他要进行整合的时候，贝贝康的老板是非常认可的，于是加入了南国宝宝的子公司合伙人行列。合作第一年（只有半年时间），销售报表显示隶属其的利润达到50多万元，第二年销售报表显示隶属其的利润额预计可达到100多万元，整整翻了5倍！整合的价值显露无疑！

在这里，刘江文也跟我们分享了关于供应链体系的毛利率问题，这家母婴门店在没加入南国宝宝之前，销售额20万元，毛利在15个点左右，因为缺乏资源，进了当地一线品牌的流通品，导致供货条件不好，外加会员精细化运营也做得不好。于是在南国宝宝经手后，第一时间保证了母婴门店的产品供应链，毛利水平大大提高。不到半年时间这家母婴门店的毛利水平达到 30%。销售额更是提高到了 40 万~50 万元/（店·月），在南国宝宝的专业管理下，商品输出、营销模式、活动推广和服务水平节节飙升，倍数递进。

南国宝宝母婴店井然有序的陈列

南国宝宝通过合伙人公司制的资源整合方式来无缝链接母婴门店，做到利益捆绑和高效执行。让从事经销商代理 16 年的刘江文获益匪浅，直营方式的特点是重资产，风险压力大，资源不多，如果盲目扩张且面对当地母婴“地头蛇”的攻击将更加艰难，刘江文深刻理解了母婴渠道的需求及发展趋势，创造的子公司商业模式是非常具有代表性和可持续性的。

据不完全统计，目前国内有将近 30 万家母婴门店，纯加盟的松散和频换门头也让母婴门店苦不堪言。对整店输出和管理供应链的把控更是微之甚微。经常听到母婴门店经营者纷纷抱怨："你当初承诺的服务你做到了吗？ 从我这进货你也食言了，到最后只能法院见了。"

对于南国宝宝的扩张路径，刘江文比笔者想象的要清晰："南国宝宝总部有 70 多人，股份制公司有 16 家，门店总数达到 140 到 160 家就足够了。 我们不做盲目扩张，未来肯定要开类似孩子王这样的大店服务。 南国宝宝的商业期许是让母婴门店抱团取暖，再合力拓展未来。 这种轻资产路线让南国宝宝在 2017 年收获了 3 亿元的销售额。 目前它只在海南岛，但是我真的希望这么好的商业模式能复制到全国，让中国的母婴门店不再孤军奋战，也不再对未来一片迷茫。"

南国宝宝员工集体合影

亲情卡营销占据整个母婴系统销售额的 40%

"新事物都是从小做到大的，我们不能自命非凡，也不能妄自菲薄。现在是行业遇到了新的瓶颈，需要第三个突破口。”刘江文的脸上流露出了一贯的谦虚和谨慎。

在南国宝宝的母婴连锁体系里，亲情卡营销占据整个母婴门店销售额的40%，它就是一种先进的会费制管理体系。

灵感源于刘江文在机场买了一本书，讲了美国好市多超市的商业模式非常成功，让他看了非常兴奋：连沃尔玛和家乐福都怕的商业模式必须要尽快应用到南国宝宝体系里。那就是付费会员制：消费者需要花费1111元去购买一款亲情卡，可以享受的服务有最低的产品价格和随时可以退换的母婴产品。而且此亲情卡功能很强大，成为高端会员俱乐部成员以后，可享受到更多意想不到的感动服务！

刘江文组织员工开展爱心公益活动

“打穿产品盈利空间，把利润转嫁到会员费和增值服务上。其目标是让顾客的利益最大化，平均每款产品比正常售价要低25%左右。只要办理亲情卡就可以享受到低价和高优服务。而对母婴门店来说，会费已经把客户应赚的利润提前赚过来了，同时防止了客户的流失，以及赢得了与线上的竞争优势！”刘江文还表示，2018年会深扎南国宝宝现有的100多家母婴门店做会员精细化运营，会员亲情卡力争突破18000个。除却商品服务、亲情卡还有送货服务、免费退换货服务以及连接到其他异业联盟服务。截至目前，南国宝宝母婴连锁已经拥有了5000多个亲情卡会员。

母婴众筹商业模式对刘江文来说已经轻车熟路，他告诉笔者：“商业众筹就是筹人、筹钱、筹资源。发展一种轻资产商业众筹模式，让公司效益和发展速度齐头并进，两年开100多家店不是什么难事，3亿元的销售额也在意料之中。南国宝宝的角色从来不是占有门店资源，而是帮助母婴门店锦上添花！”

贝贝拉姆邢品玲：
走“轻资产，重渠道”实业之路的第一人

与邢品玲在2016年的母婴大会上相识，并和她相知，甚至在那一年的几个月里跟着她出差至全国各地，基本吃住在一起。不管外界如何众说纷纭，笔者依然执拗地去挖掘关于她的一切。邢品玲是个“女强人”，她一直用专属于自己的傲娇方式生活着、努力着、前进着……值得人敬佩。

贝贝拉姆创始人邢品玲

一抬眼，总是能看到马云、任正非、扎克伯格的创业励志故事；一闭眼，脑海里又是星云大师、仓木嘉措们的劝世恒言和诗情画意。如此种种，也只能在夜深人静时思考人生之千姿百态。辛苦的人永远在路上，风雨无阻；知足的人永远在细雨绵绵的窗前，意犹未尽。本文讲述的这

个人物，笔者跟踪了很久，也许在很多大人物面前，她微不足道。但是对身边人或者被她影响的人里，她绝对是光芒万丈，她让实体母婴店的生意起死回生，也让实体店抱团取暖，用互联网思维与时俱进，拥抱新变化。她的演讲开场白永远是："大家好，我是河南人。"她的名字叫邢品玲。

人到中年，在撕裂中前行

从上海到沈阳温差将近 10 度，邢品玲马不停蹄地从上海飞到厦门和合作厂家洽谈业务，考察工厂完毕后，连水都没喝一口就直飞沈阳，因为贝贝拉姆总裁班授课地点在这里。温差太大，她在这里给贝贝拉姆加盟商讲课，足足讲了三天，直到口干舌燥。因为旅途劳顿，她半夜发起高烧，虽然带着药，但是实在太累了，连退烧药都还没来得及吃就昏昏沉睡。生物钟在凌晨 4 点就把她叫醒，一个人拉着箱子匆匆往机场赶，因为今天她要飞去北京参加她创办的 DNA 烧脑社群大会开幕典礼。

一年 365 天，有 340 天邢品玲都在出差的路上，不是在给加盟商培训讲课中，就是在地方工厂考察中。她以酒店为家，甚至连儿子的生日也经常忘记。从孩子上学开始，家长会她一次都没有去参加过。每每说到这些，她总是非常愧疚和无奈："我必须要用我的辛苦，给我的孩子提供好的物质条件，让他们走出去，独立而自强，去接受更好的教育。"

贝贝拉姆的前世今生

贝贝拉姆母婴连锁机构创立于 2012 年，那时候还是河南平顶山的一个小母婴店。在这之前，邢品玲做了 10 多年的煤炭，生意如火如荼，一度成为河南平顶山煤炭界的传奇大佬。直到国家出台了煤炭整改的相关政策后，煤炭大萧条经济说来就来。邢品玲立马意识到：必须快速转型，而且需要有一份自己乐趣所在的长久产业。在启动母婴店项目前，她整整做了两个月的市场调查，发现母婴市场不规范，产品摆设特别凌乱，根本没有任何设计感。店员跷着二郎腿只顾着自己玩手机，连入店的顾客都不正眼看。邢品玲速度在河南平顶山展开业务，正式踏上了母婴事业的不归路。她用了两年时间开车全国到处跑，越野车整整开了 22 万公里，学习借鉴其他成功的母婴店案例，从厂家进货到店面设计以及店员销售等众多流程，她都亲力亲为，7 家直营店生意火爆，成为河南省数量最多的母婴连锁直营店。

贝贝拉姆形象店

2015年，邢品玲发现直营店业务沉重，而厂家进货渠道也日益成为了很大的短板，产品质量也无法把关。“直营是重资产运作，不利于管理，我必须及时止损，重新定位”。于是她果断把河南的7家直营店整改成贝贝拉姆连锁加盟店。邢品玲开窍了，河南是中国重要的经济大省，有着1亿多人口，占了全国将近1/10人口数量。她用了3年时间，让贝贝拉姆在河南拥有了300家母婴加盟店。

“实体店的生意惨淡不是被电商淘汰的，是自己淘汰了自己。我们不要追着别人跑，我们实体母婴要自己强大自己。所以家庭化、军事化的连而不锁的贝贝拉姆加盟才是我的终极目标。”面临电商冲击的母婴店在她的“如何做好母婴店的生意;如何让你的母婴店生意翻倍”的授课培训下迅速崛起，营业额翻番。有了这个河南业绩的“野心”背书，邢品玲迅速联合其他省市的加盟商启动“贝贝拉姆——红动中国”项目，利用微信这个社交工具，打造专属贝贝拉姆的“网红经济”和“社群思维”，让贝贝拉姆形成了碾压式扩张加盟。只有5000元的低门槛加盟费、微信群授课(密训弟子班)和面对面课程传授销售技巧(贝贝拉姆商学院总裁班)的方式让贝贝拉姆的扩张速度每个月高达300~400家。截至2016年9月，加盟门店数量突破3000家，成为了国内发展最快、规模最大的母婴连锁机构。并计划在2018年突破10000家连锁加盟店，覆盖全国30个省市并深入扎根到三四线城市。90%以上的加盟店营业额翻了3倍，让实体母婴店生意起死回生。

一直被模仿，从未被超越

回看贝贝拉姆的商业模式其实并不十分特别，模式 COPY 对竞争对手来说并不难。贝贝拉姆的制胜法宝是令人难以企及的速度。“天下武功，唯快不破”，落实到实体店的营销策划，贝贝拉姆可以在 2 个小时内确定并在 48 小时内快速执行完毕，这是别的母婴连锁机构和电商公司做不到的。对此邢品玲强调自己是个手机控，她表示不管自己在哪个地方，都必须确保 24 小时微信联系着全国的贝贝拉姆家人（加盟商的简称）。

2013 年年底，实体行业大面积遭受电商冲击，每个月都有 1000 多家母婴店倒闭，但是多米诺骨牌效应并没有在母婴行业显现，同步却有 2000 家母婴店产生。加上二胎政策的实施和第三波婴儿潮的来袭，随之而出的母婴品牌如雨后春笋般疯长，甚至连一根小棉签，都有 26 款国产品牌在竞争。贝贝拉姆加盟店的数量与日俱增，对一个管理并不十分专业和规范的公司来说，如何做到和加盟商利润共享成为邢品玲思考的问题。她不希望在加盟店达到 10000 家目标前被任何差池干扰，于是她的策略就是和厂家一起打天下，出产一系列定制产品做重点营销，其中功夫龙纸尿裤尝到了大甜头，它在贝贝拉姆的体系里一年销量高达 6000 万元。严把质量关，严守加盟店渠道产量化，邢品玲坚信有量才有资格说话，连而不锁才是真正的大连锁。

在贝贝拉姆的初期，邢品玲靠着她内心的那份固执和决心，带着自己的助理走南闯北，靠着那张能说会道的嘴巴，收编了一波又一波贝贝拉姆，她们以省为单位，设置省级导航人，率领她们的销售队伍征战在各个省市和乡镇，让加盟店队伍越来越大，在贝贝拉姆的微信群里，每天都有前线捷报加盟数量和照片，扩张速度疯涨到每个月 300~400 家。

贝贝拉姆总裁班

“85 后”广西领航人杨绍柳在 3 年前加盟贝贝拉姆后，终于在年底可以提回他新买的座驾宝马 GT；湖北领航人张俊华在 2016 年 4 月开上了奔驰越野；安徽皖南导航人陈小波也坐上了他的爱车——奔驰越野。 自 2015 年启动“贝贝拉姆红动中国”项目后，贝贝拉姆加盟商陆续换了新车。 在这样的现实面前，也不能幸免会受到竞争对手的嫉妒和抹黑，他们在不断效仿贝贝拉姆的同时，还不断指责邢品玲是大骗子、大忽悠、假慈善。对于这些，邢品玲只是笑笑："20%的加盟商在加入贝贝拉姆这个大家庭后换了新车，买了房子，80%的加盟商实现了盈利，顺利度过了实体经营危机，别管我是不是大忽悠，实现了诺言就是真忽悠。"

贝贝拉姆只归功于我和我的狼性团队

因为持续讲课，连续在讲台上站立好几个小时，邢品玲腰椎间盘突出非常严重。每次讲完课后她都如同泄了气的皮球，只想静坐，什么也不想说，却每次还是被慕名而来的母婴店老板、厂家和合作方围得水泄不通。慢性咽炎和支气管炎长期困扰着她，咽喉在很久之前就做过大手术，但是她还是选择彪悍式的开场白和中气十足的演讲收场，甚至在总裁班授课时，为给学员提神，她在台上忘我地跳舞，你完全想象不到这是一个身体力行、率性而为的女老板。

每天凌晨 4 点，邢品玲的生物钟就开始计时。这个时候是她阅读和写作的最佳时间，她会在三个手机上写她的原创文字和摘录阅读经典文。学习两个小时后，她习惯去户外慢跑 8 公里，这是她坚持了 17 年的生活习惯。"把贝贝拉姆做成一家伟大的公司，我必须要有健康的身体。"

中国如今的知名品牌大多采取"直营+加盟店"的方式，直营是重资产维护，加盟店是铺设渠道的必备路径，可以帮助品牌迅速占领市场。邢品玲只选择了后者"轻资产、重渠道”的路径打造贝贝拉姆加盟体系。不过这3000家加盟店的强大供应链体系也必然需要时间与资本的沉淀，而资本急于热衷于创造商业奇迹，而难虔诚耕耘于渠道铺设。这与邢品玲的战略背道而驰，“我从来不做亏本生意，贝贝拉姆有别于烧钱狼、规模大的电商企业，在2012年贝贝拉姆创立之初我们就实现了内部造血功能，它不需要那些激进的资本融资过冬。曾经很多投资人找我，他们希望加入贝贝拉姆快速把它弄上市，我没同意，贝贝拉姆不为上市而上市，在10000家加盟店出来前，它所创造的财富应该归功于我和我的狼性团队们。实业致富是我的初衷，也是我的终极目标。”

育婴坊赵清志：

20年母婴修行，做知足的自己

赵清志是一个知足常乐的人，更是一个踏实做母婴的人。他在门店终端精耕细作，再用挣来的辛苦钱做公益。善良的赵清志一直是扎根在母婴行业的草根一族。他热心地帮助身边的每个人，获得了这个行业的尊重。他对笔者说："公益也需要缘分。"

这是赵清志第三次组织好友开车去西藏，途经的地方经常有山体滑坡和石路崩塌，每次筹集这一车价值上百万元的物资（玩具、食品、服装）需要花费赵清志一年的时间。但这一切对他来说非常值得，因为这车物资可以解决高原贫困地区孩子们一年的寒冷和饥饿问题。

育婴坊赵清志

在此之前，他已经连续坚持 10 年凭一己之力筹集物资并安排大货车把物资送到西藏，而自己开车去藏族地区感受这份力量已是第三年。

笔者在母婴圈里很早就听过赵清志的公益之路，想着去采访他，他总是婉言拒绝：我不是名人，我就想做点自己喜欢做的事情。

终于在北京冬日温暖的咖啡厅里，笔者见到了赵清志。他是那种一眼就可以看出是好人的那种人，因为他的脸上总会洋溢着一种知足和欢乐。他拎着自己种的有机大米和有机坚果很热心地递到笔者手里，用字正腔圆的东北话告诉笔者："去年我用手机拍的沿途风景照片放在朋友圈拍卖，筹到了 1 万多元钱做公益捐助，老开心了！"

浸润母婴行业 20 年，赵清志的善良在笔者眼前展开了这样一幅画面：坚持每年拿出企业利润的 5% 来做公益，乐此不疲；还在黑龙江七台河办了一家免费素食餐厅，每天中午免费提供近 200 人的午餐，每周六日让周围的父母带着孩子来这里念国学文化。

更甚的是，他要求旗下所有母婴门店办会员卡要收 10 元钱，但是如果捐赠一元以上做公益就可以免费办理会员卡；他旗下的每家门店都是一个公益物资回收站，消费者可以把孩子不用的玩具、衣服等二手产品放在门店，就可以收到门店送出的 10~30 元优惠券；他还召集朋友一起筹集资金购买全新的物资，直至收集足够一个大货车能装满再拉到高原贫困地区。

自然，今天笔者不是为了描述赵清志的公益心路历程，也不想描述他的创业奋斗史，只想挖掘母婴行业最基层的正能量，让大家对这个行业有更深的认知。

公益路上的赵清志

这个慈眉善目的母婴人，在熟知他为人的母婴圈里有口皆碑，用麒翔的话来说就是："赵大哥，母婴事业做得好，还足够善良，非常热心，实属难得。"

赵清志在东北地区有20多家直营母婴门店，每家门店面积不低于300平方米，他把事业做得风生水起，在他脸上看不见任何野心和欲望，知足得像一幅山水画：有起伏，也有温润的绵和。

做母婴人很苦，做门店更苦，不必厮打，学会和竞争门店做朋友

"母婴行业门店和门店之间肯定存在竞争关系，在东北我们也有很多竞争对手，但是所有的竞争对手和我都很友好，都能坐下来喝茶聊天。"赵清志告诉笔者这句话的时候，笔者是很存疑的。

"在当地很多母婴门店会打价格战，有些就想着把对方门店一次性干掉，亏本价、吐血价层出不穷。 但是这种开店思

维就不对，未来母婴门店的真正经营差距是品牌和服务的差距，绝不是价格。所以面对价格战，我必须要有自己的策略去化解这种尴尬。”赵清志向笔者娓娓道来。

打铁还需自身硬，在母婴行业20年，赵清志积攒了足够的人脉，货源充足，源头发货，价格具有绝对优势。于是在流通商品上，赵清志把价格对竞争门店公开，资源共享，可以一起进货，并做到价格统一对外，双方提前告知促销活动。另外竞争门店缺少的品类，赵清志也利用自己参加展会或者跟厂家的资源整合，积极帮助竞争门店寻找相关品类并让其赚钱。

自此，竞争门店再也没有和赵清志的育婴坊打价格战，直至最后演变成朋友，大家有空没空一起喝茶探讨。

2010年，赵清志为了更加专业地运营母婴门店，开始把靠谱员工培养成合伙人。

“我不想把母婴店当作自己的产业，这样太累，只要是优秀的人，特别是跟着自己奋斗多年的老员工，我希望跟他们合伙，因为育婴坊需要有人一起共享利润，大家利益对半分，亏了算我的。”赵清志对合伙人的大方让笔者有点吃惊。

“亏了算你的，那合伙人不是坐享其成吗？”笔者反问。

“赚了一起分钱，人是往高处走的。难道他们在这干是为了让我亏钱吗？”赵清志非常自信地说道。

在育婴坊，员工都和赵清志打成一片，喜欢和他开玩笑，赵清志“照单全收”。他经常告诉员工，休息的时候撇开了玩，工作的时候要铆劲地干。

育婴坊要求每个员工都会背“弟子规”，这是他们入职后的基本要求，为此他们还可以多拿 200 元工资。“别小看这国学，员工背着背着就开始体会里面的意思来约束自己的言行。国学是非常博大精深的，里面的每个文字都很启迪人，很多员工背多了就会更加珍惜和善待自己和身边的人。”赵清志骄傲地说道。

找到合拍的合伙人让赵清志感觉是自己的一种责任和义务，这种大哥哥的照顾式精神又一次体现了出来。“我对自己的合伙人都有最低收入的承诺，如果开店时入股 5 万元或者 10 万元的合伙人，我会让他们最低年收入不低于 20%，如果低于这个数字我自己掏腰包补上，我不想让他们辛苦一年没有成就感，这种成就感首先就是在钱上不能让他们委屈。不过他们也很争气，每年的经营利润都超出预期。所以我从来不对门店销售经营太操心。”赵清志很欣慰地说道。

育英坊的公益团队

在育婴坊体系里，赵清志首抓品牌采购权，他认为品牌选择至关重要，育婴坊的商品准入制度也相当苛刻，一个对质量负责、对客诉处理及时的品牌是可以赋予产品“灵动权”的。他经常为了选一个好品牌，坐连夜的火车去工厂、展会、招商会上进行多方考察，还要经过3~6个月的考察期才可以进入计划代理阶段。

他的门店合伙人这样评价赵清志：这个东北大老爷们儿对顾客和朋友非常大大咧咧，但是对产品采购，那是跟娘们那样“腻腻歪歪”。但是这样的结果却是：他与其所采购的80%品牌的合作都非常长久，折扣也非常稳定，经常令竞争门店羡慕嫉妒。

赵清志的育婴坊开在了黑龙江的很多地方，主要集中在黑龙江东部，主要是鸡西、七台河、佳木斯、同江、伊春等地级市。所以靠谱的合伙人对他来说非常重要，可以让他少点奔波和劳累。当然还可以有时间做自己热衷的公益素食餐厅。

每天中午接待200人的免费素食餐厅，他撸起袖子炒菜端盘

2015年，赵清志在七台河开了一家“雨花斋”免费素食餐厅，餐厅占地面积100多平方米，是用他自己的房子，所以免去了门脸租金。为了让餐厅更加公益，他还召集了社会上100多个义工会每天中午轮流来餐厅做午餐，为社会上近200人提供免费午餐。他经常穿梭在厨房炒菜队伍里，或者是端

盘服务员里，来往的食客都不知道他是这家餐厅的老板。

2016年，赵清志偶然了解到一个患有严重尿毒症的小女孩，就在医院等死。于是他跟朋友一起发起捐款行动，搞了两场募捐为小女孩捐凑了几十万元钱把小姑娘救了回来。通过这一场场公益捐助，赵清志结识了一些志同道合的公益人士，经常聚在“雨花斋”公益餐厅，他们所开展的公益活动中就包括了文章开头所提到的一起开车去西藏偏远山区做物资捐助的行动。

雨花学堂的孩子们

除了中午的那顿免费午餐，赵清志还在里面创办了“雨花学堂”，并成为了当地家庭国学教育的聚集地，自然这一切也都是免费的。每次看到那些可爱的孩子们念着朗朗上口的古诗词，赵清志的内心是知足的。

他告诉笔者：“我是一个比较内向的人，不熟的人我是不轻易打交道的。”

但是那天他对笔者滔滔不绝，仿佛是个天生的健谈者。

为了家人和爱，他偷偷地做起了有机食品——田鼠妈妈

做有机食品并不是赵清志的心血来潮，在母婴行业浸润久了他深刻感觉食品安全是个大问题，很多东西越来越不敢吃，于是他就想成为自己家人饮食的生产者，开始包地找人种植大米杂粮，因为全程不用农药，进行有机种植，成本非常高。

作为一个乐善好施的人，赵清志还经常把自己种的五常有机大米分享给身边的亲戚朋友，这就一发不可收拾了，周围的朋友建议他多种点地，于是赵清志承包了他们全年的大米口粮。于是田鼠妈妈在2014年应运而生。

除却大米，田鼠妈妈还生产粥米、小米、杂粮、坚果，还有红糖等有机产品，全年销售额在1000万元左右，但是利润不高，这对赵清志来说不算什么："有机产品成本非常高，光有机大米的成本都要到30多元一斤。我做有机食品是因为家人和身边的朋友，对利润看得很淡。身边人的健康是最重要的。"

田鼠妈妈有机食品

如果只是一个有机食品品牌，那就太小看"田鼠妈妈"了，赵清志的情怀在于他做任何衍生品牌都离不开他的"母婴"情结。他要把田鼠妈妈打造成一款有内涵的文化品牌，

于是他又带领团队制作田鼠妈妈绘本和玩偶，把它们放在自己旗下的母婴门店售卖，还通过不同渠道免费发放给需要的人，他希望通过文化产品的展示，让更多的母婴群体享受文化背后的内涵。

陈自崖曾经说过：事能知足心常泰，人到无求品自高。赵清志就是句里的那个人。他总能将自己默默的努力成果转化为一种知足，再用自己的热心去帮助和感化周围的人。

当我们看见他的善良，就会审视自己在这个世间无论你是什么样的人，都很难成就一个词，那就是“善良”。因为做一个善良的人比做一个成功的人，要难得多，也重要得多。

母婴人接续情怀使命

为何要把公益放在这里？笔者自2016年认识小水滴创始人鲁鲁后，通过一笔之力链接了母婴企业和小水滴的公益历程，前后收集了上百万元的物资和救助资金，影响了几十万名企业人士和社会大众参与公益救助。感谢这些无私的企业和有爱心的社会人士愿意承担社会责任，帮助了那些被遗弃的新生孤儿。企业做品牌要有情怀，做公益要有使命感，这就是笔者愿意付诸笔端的初衷。

中国式好人鲁鲁：
我有一群孩子，还有一个老父亲

以前对公益只是个情感认知，后来置身其中才知道公益是身心的熬炼。故事的主人公是鲁鲁，她在救助新生孤儿的路上行走了11年。她把人生中最美好的时光全部奉献给了这些被救助的折翼天使！她经常告诉自己：为了能救一个新生命，被质疑、被污蔑、被诋毁又能如何？至少自己为了这些生命豁得出去。

约翰，一个最美"老外"，是他引领我们加入公益救助群体。作为一个"老外"，他在中国坚持做公益22年，帮助了数以千计需要救助的中国宝宝！

鲁鲁就是被这个最美"老外"所影响。她秉承自己的信念，努力坚持，只因她认为每个生命都值得被尊重。鲁鲁是那个最可爱的母婴人，笔者希望把这个无私、富有大爱的鲁鲁介绍给大家。请你用心地感受这段真实的故事。

感谢与我们同行的公益人，愿你我一起行走在公益的路上。

一件有着小水滴 Logo 的白 T 恤，颜色有点发白，有经过无数次清洗的痕迹。她已经习惯背着那个浅紫色旅行包辗转在火车、地铁以及公交车上。

小水滴公益负责人鲁鲁

很不幸运的是，那天的北京在傍晚时分下起了瓢泼大雨，她着急赶往太原福利院，从回龙观到北京西站有 30 公里路程，她在路上被淋成了落汤鸡。除了那个随行背包，她还带着另外几个包裹，里面装着给福利院孩子的护理用品和礼物，她紧紧地护在怀里不曾松手。

十年前、十年后，公益在路上

有一次她跟我说：她喜欢坐夜晚的火车。可以在驰骋的火车车窗前，看着外面的黑影点点，看着看着，天就亮了，而孩子们会远远地站在福利院的门口张着双臂要她抱抱。

这个女士，确切地说是女孩，专注公益 11 年，使无数个在生死线上挣扎的残疾新生儿从死神手中挣脱。她没有孩子，没有婚姻，没有个人生活，但她会写一手漂亮的英文字，会熟练的美式口语，还有一套纯熟的婴儿抚触手法，她把所有的热情和激情都专注在新生儿救助公益里，我们亲切地叫她：鲁鲁。

认识鲁鲁是笔者做公益事业的开始，她直击笔者心底最深处。在人性的探知世界里，那些善良和执着的人物会像一个磁场，深深地吸引着一群人积极加入和深情拥抱。

一碗 3 块钱的米线

2005 年春天，有个叫约翰的美国人怀揣 40 万元现金要去捐助一个县城里的孤儿，当时担任太原市社会福利院的耿开文院长接待了他，并在送他回京的路上带他去吃了一碗 3 块钱的米线，这碗米线深深打动了约翰，他曾经也带着善款去其他地方寻求捐助，但是那些地方的领导都把约翰带到大饭店去吃3000 元一桌的饭菜，让约翰深恶痛绝，他坚信眼前这样一个清廉的政府官员能真正把他的善款运用到对中国孤儿的救助上。

约翰和耿开文

这场公益路约翰一做就是 22 年。

“所有的生命都应该被尊重，哪怕他是个残疾新生儿。”这是约翰经常说的一句话，他和妻子在中国结缘相爱，又同步穿梭在中美两国，为中国的残疾新生儿筹集爱心捐赠和慈善资金，组织并救助了全国福利院孤残儿童数千人，许多先天性残疾孤儿在他的帮助下被国内外爱心人士收养，重新回归家庭和社会。他用22年的实际行动来守护这些需要被关爱和治疗的残孤儿童。

他还用自己的行动和爱心影响着周围的朋友和同事为公益不断接力，鲁鲁就是其中一个。2016年，在约翰的鼓励下，鲁鲁创办了小水滴新生基金。

2017年7月，约翰带着全家回美国，我们的微笑挂在脸上，眼泪静静地流到心里。

永远记得那一次我们因为公益相谈甚欢，约翰在旁轻声细语地说：“请问，我可以说一件不太重要的事情吗？”“你有没有时间？我们聊聊天吧。”每当这个时候，正在热烈攀谈的我们，总会安静地听他说话，他的涵养和思维超级简单和恬淡，让人如沐春风。

笔者曾数次想对他进行人物报道，却被他拒绝，他非常严肃地告诉我：“你要写的应该是你对面的那个人——鲁鲁，她在做一件非常有意义的事情，小水滴公益会在她的世界里生根开花。”

多年以后，我们依然会想起约翰为中国孤儿所做的一切，依然会热泪盈眶。曾经有这么一个美国人在为中国的孤儿鞍前马后，而我们作为中国人，更应为自己国家的孩子义不容辞。

公益之路并不平坦，小水滴成立初期，很多次鲁鲁拖着疲惫的身躯深感无助，但是她的耳边总会想起约翰说的那句话："如果你继续做孤儿工作，但没有把小水滴坚持下去，我会非常伤心难过。"

海明威曾经说过：每个人都不是一座孤岛，一个人必须是这世界上最坚固的岛屿，才能成为大陆的一部分。

那些一直在背后默默支持鲁鲁的朋友、同事和家人，以及十几年来一起拥抱着走过来的几千个小生命的笑脸，让鲁鲁一次次重新振作起来，继续前行。

和时间抢生命赛道

这个命悬一线的孩子

这个出生仅 4 天的婴儿叫启程，被亲生父母遗弃在包头福利院，他来到这个世界的时候肛门闭锁，肚子胀得比身体都大。

在几个月前的晚上 8 点，鲁鲁接到了福利院工作人员的咨询电话，她迅速联系八一儿童医院咨询手术事宜，并让福利院的工作人员迅速带上孩子赶往火车站补票来北京。

第二天一早，孩子到达北京后，八一儿童医院立即安排拍片，当天下午就做了急诊造瘘手术。在手术过程中，医生发现婴儿的结肠处有两处穿孔，整个腹腔全是大便。导致术后又进行了一个多月的抗感染消炎治疗。

因为新生，又加上早产，孩子身体非常虚弱，在护理期间又因为两次腹泻脱水和肠梗阻住院抢救。全程鲁鲁和小伙伴们默默陪伴。

启程的快乐

命悬一线式的积极抢救终于迎来了奇迹，小婴儿恢复良好，并预约了肛门成型手术，以及 3 ~ 4 月后的关瘘手术，尽管术后还需要扩肛半年到一年时间。但这些手术做完以后，孩子以后就可以跟普通孩子一样正常排便了。这一系列的手术治疗和特殊奶粉的喂养以及专业的护理费用都是非常高昂的，但是鲁鲁却笑着告诉我们：能有什么比生命更无价呢？

目前，小水滴公益机构里共有 12 个造瘘[①]孩子。他们大部分来自太原、包头还有江苏，这些被遗弃的婴儿在等着成为正常孩子的那一天，他们在这里享受着关爱和呵护。

“你不去尝试永远不知道结果会怎样，而这结果却关乎一条生命。”鲁鲁很庆幸自己在孩子面前没有半丝妥协和犹豫。

这个被医院宣判回家等死的孩子

在省儿童医院，医生正式宣布孩子没有希望只能回家等

① 造瘘就是把肠子拉到腹部，形成一个造口，用来排便。

死，鲁鲁心里很痛。

她让同事抱着初生的孩子回到福利院，虽然被拔掉了呼吸机，但是这个900多克重的新生儿的微弱呼吸还在持续。

鲁鲁发邮件咨询美国朋友医生和护士，要到了专业护理意见，写成长长的两页笔记。她决定：带孩子回北京治疗，决不放弃任何一丝希望。

第二天鲁鲁把孩子抱在怀里，带上输奶泵、特殊奶粉和辅助呼吸的药物，再谨记美国朋友教她的输氧护理办法，打奶吸氧，像袋鼠妈妈的怀抱方式，用婴儿背巾怀揣着进入火车站。

安检时，还被火车站的工作人员进行了详细的盘问，当鲁鲁告知缘由后，工作人员看到带着氧气袋的孩子，一路大开绿灯让鲁鲁和孩子上了火车，来到了北京。

庆幸的是把孩子送到北京八一儿童医院进行治疗的时候，医生没有告知同样的噩耗。医生的一句“状况还行”让鲁鲁仿佛感受到了春天的温暖。

在医生和救护人员的悉心护理下，十五天后，孩子所有症状趋于平稳，做了一次全面检查，除了甲状腺功能减退，其他一切正常。现在这个孩子已经四岁，成长得非常健康，正在公益机构等待被收养。

有一种爱叫袋鼠式拥抱

袋鼠式育儿是鲁鲁在公益救助路上的试点项目。在实地参访美国排名前十的儿童医院监护室里的袋鼠式育儿给患儿和家长带来的惊人变化后，鲁鲁决定把袋鼠式育儿实践到小水滴的早产儿。

她把美国实践案例分享给阿姨们，要求每个阿姨去抱孩子，把他们贴在胸口，让那些孤独和精神缺失的孩子拥有安全感和无私的关爱。

除此之外，她也要求阿姨们给予孩子尽可能多的抚触。“孩子爱摇晃不是一种病，也许你抱抱他就可以让他一下子安静”。一开始阿姨们不太认可这个做法，后来发现这样的拥抱确实能够让孩子睡得非常安稳，心率和血氧都比较稳定。

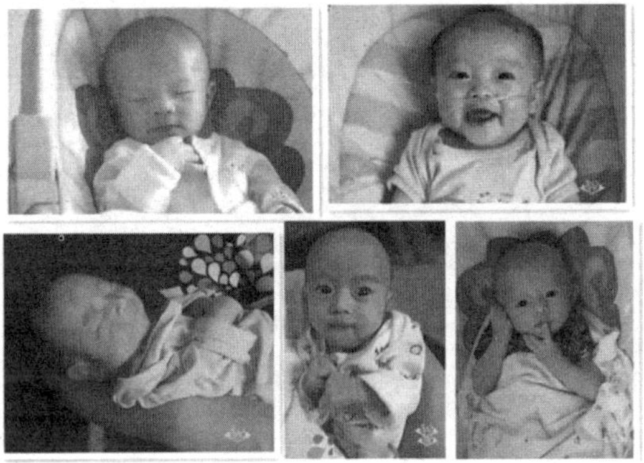

被救助的生命

除了新生儿救助，小水滴还启动了儿童心灵救助。家庭式养育是鲁鲁和包头福利院深度合作项目，专为年龄稍大一点的孤儿提供家庭式生活环境，集合康复、教育、日常护理和情感沟通等内容，让孩子在有妈妈、康复师、阿姨的家庭式养育环境中健康成长。对此，鲁鲁强调：这里的妈妈可以给孩子传递妈妈式的关爱，但不可以实施妈妈的责打惯例。

爱的呵护

除了救命以外，给被遗弃的残疾孤儿营造一个稳定的情感依恋关系是非常重要的。公益路上并不是一个人在战斗，鲁鲁的好朋友孟孟老师在瑞典获得蒙特梭利教育硕士学位后，又特地去澳大利亚读儿童创伤治疗的博士学位，两人相约明年回来并肩作战，为孩子的身心康复教育做实践指导。

目前，小水滴新生基金在北京京都儿童医院设有多张床位，对来自地方福利院的早产病危、先天性心脏病、膀胱外翻等患病孤儿进行医疗救助。同时，小水滴也为陷入困境的家庭提供医疗诊断、术前术后护理指导、康复指导、物资支援及跟踪回访等服务。

在过去的一年里，小水滴帮助70多个孤儿完成了手术、医疗诊断和特殊护理等，也帮助了40多个家庭患病儿童给予医疗救助、康复指导、物资支援，给予家长心理和情感支持等服务。

2017年，为了让更多的疾病患儿得到及时的医疗救助，小水滴新生基金在山西和内蒙古开展地方救助项目：为两地孤儿提供大约80张床位的特殊护理服务，同时也为当地陷入困境的儿童家庭提供一个可以及时求助的支持中心。

截至目前，小水滴共救助了100多位患疾孤儿。在帮这些孩子筹集手术费和生活护理费的同时，因手术难度高、护理周期长、需求物品多而杂让其在公益路上艰难挺进着。

但是在小水滴负责人鲁鲁和公益志愿者陈女士等爱心人士的不懈努力下，越来越多的爱心企业参与到了这场公益行动中，让这些即使深受疾病痛苦也依然被尊重的生命能够健康快乐地成长。

她的身后还有一位老父亲

一直在孩子的救助公益路上前行，却让鲁鲁对家人多了一份内疚感。每个月领着微薄的工资，全部拿给父亲看病治疗，自己数度捉襟见肘，她却微笑地告诉我们：没事，暂时没有太大困难。

2012年，鲁鲁的父亲急性胰腺炎和肝硬化并发，在地方医院治疗不了，紧急送到北京治疗才捡回一条命。

2013年年底，胰腺囊肿增大，脾粗大合并部分梗死，鲁鲁的父亲再次入院治疗并手术。之后因肝脾功能问题导致了多种慢性病，以及严重贫血、消化道出血等，病情一直反反复复，多次住院治疗。

2017年2月，鲁鲁的父亲再度胃出血，在大年初四紧急住院治疗。这是老人家几年来第三次在医院度过春节。而鲁鲁还在北京的小水滴公益机构忙碌着。

身为女儿，鲁鲁每个月只有一周时间在北京，其他时间都奔赴在包头和太原福利院做护理指导。

这个出生在东北的农村姑娘用她的行动默默地坚持做了11年的公益，她也想回家看看老父亲、照顾老父亲，但是这里的孩子仿佛更需要她，让她不知疲倦地为孩子们奔波忙碌着。

她甚至都没有时间回她的家乡陪伴她的亲人。

也许在这些被父母遗弃的孩子世界里，这些伤疤中没有一块是新的。它们像无鱼可打的沙漠中被侵蚀的地方一般古老。他们身上的一切都显得古老，除了那双眼睛，像海水一般蓝，是愉快而不肯认输的。

小水滴之爱的世界

笔者祈福这个世界的新生残疾孤儿能抓住生命的稻草，不遗余力地往上爬，因为他们拥有生的权利。

笔者感谢这个世界能有约翰和鲁鲁这样的公益执行人士，不遗余力地付出，让自己的生命绽放爱的花朵。

笔者也希冀我们的爱如《哥林多前书》说的那样：爱是凡事包容，凡事相信，凡事盼望，凡事忍耐。 我们通过孩子清澈的眼睛，也要不遗余力地活着、奋斗着、付出着……

中国母婴产业创新联盟李伟：

为了母婴事业，我可以再卖两套房

这是对一个北京母婴人的采访，期间被打断很多次，因为李伟太忙了。通过李伟的母婴从业路，我们深深地感到：做母婴不是简单的一句热爱就可以，更不是一蹴而就的。我们应挖掘良知母婴人，挖掘真善美，成为母婴行业最明亮的眼。

作为一个北京人，李伟是有底子的，这种底子对北京爷们来说就是身份和财富的象征。

作为四届散打冠军，李伟年轻时就收获了第一份事业辉煌，也磨砺了他对信念坚韧不屈、执着不放弃的性格。但丰厚的阅历，没有磨去李伟爱憎分明的棱角，对事物的看法他总有鲜明的立场和独特的见解，同时又幽默风趣得不得了。

无论何时，李伟总能控制自己的情绪，脸上永远都带着招牌式微笑。

20多年母婴行业的磨砺，让李伟带领团队完成了从企业到社会组织再到创新联盟的深刻转变，同时也完成了从体育冠军转为企业家，直至成为公益达人、行业领袖的完美蜕变。

公益达人李伟

截至目前，李伟为母婴公益事业已进行不少于500万元的无私资助。为此在2016年，他获得了中共北京市委社会工委颁发的“身边好人、社会好事”奖，还在2017年荣获国家产学研合作促进奖。面对这些殊荣，李伟只是一笑而过，他更享受的是公益带来的发自内心的满足。

现在的李伟身兼多职：北京母婴服务协会会长；中国母婴产业创新联盟常务理事长；中华少年英才工作委员会婴幼部主任；北京市妇联妇女儿童发展基金会母婴公益服务项目部主任；中国民主同盟北京市朝阳区妇女儿童工作委员会副主任。

每一天，他都忙得不亦乐乎。笔者曾好奇地问他：“不是伏案于办公室，就是在出差的路上，身体吃得消吗？”李伟哈哈大笑，回道：“妹子，我的快乐已经充实了我的身体。”

李伟从事胎毛笔婴儿纪念品行业已整整20年，2010年前他就用做胎毛笔挣的钱，在北京国贸附近买了6套房子，现在出租了 4 套，租金一年就能收 200 万元。

当被问到中国母婴产业创新联盟初创期曾经历的艰辛时，李伟坦然一笑说："为了母婴公益事业，我已经卖掉了一套房子，为了做好联盟，我可以再卖两套房子。"

虽然说得轻描淡写，但能感到李伟以及中国母婴产业创新联盟在坚持公益这条漫漫长路上一直走下去的坚定与决心。

笔者悄悄算了下，两套房最少也是 3200 万元呀……

一把头发，永远思念——孝心使然进入纪念品行业

1997 年，李伟的母亲被确诊为胰腺癌。 曾是拳王，更是孝子的李伟毅然放下所有，借款几十万元，对母亲倾尽全力医护，精心照料，但老人还是在不久之后离开了人世。 李伟感觉天塌地裂，悲痛欲绝。 他以前经常为母亲梳头，无意间保留了一些母亲的头发，母亲离世后，他用母亲的头发做了两支谢世毛笔，留在身边，偶尔摸一摸妈妈的头发，已解对母亲的思念之情，甚至为此还专门成立公司进入了纪念品行业。

但是两年后，看着来这里为各自父母制作生前遗物纪念品的年轻人们脸上那种绝望的哀伤，他仿佛看见自己年轻时的那种心痛。

他惊觉睹物思人实在是一件太悲痛太折磨人的事情。

于是他决定放弃这项事业，新立公司"爱百年"改作新生儿理发纪念品事业，因为孩子天真烂漫的笑脸让他收获了从未

有过的父爱喜悦，并收获了人生的启迪。于是他把对母亲的思念化为对新生命的厚爱，迅速做起了新生儿胎毛笔事业，这一做就是20年，从此与母婴事业结下了不解之缘。

缘起爱心，公益带来福报

爱百年婴儿理发公司创业之初非常艰难，李伟每天骑着一辆小摩托，风里来雨里去。对李伟来说，做这个事业本来就是奔着夙愿去的，再难也得坚持。

爱百年公司经营状况慢慢好转，李伟在为新生儿理发过程中发现：很多宝宝会抓伤自己的脸，因此宝妈会给宝宝戴上小手套。科学论证宝宝的感知是先嘴，后手，再眼睛啊！李伟请教了很多医护专家后了解到婴儿抓脸原因是：婴儿头痒，本能地去抓头，但肩膀肌肉发育还不健全，够不到头顶，只能抓到脸。而理胎发能够及时清洁宝宝头部卫生，大大减少宝宝抓脸的现象，继而解放宝宝双手，会让宝宝更聪明。

得到验证后，2000年，李伟选择和医院深度合作，率先在全国倡导、实施上门免费为新生儿理胎发，并赠送胎毛笔的爱心行动。

这项活动一直坚持至今已有17年。起初，业内同行和宝宝家长都质疑爱心活动的动机和持久性，面对疑惑和不解，李伟坚守自己的承诺，凭借给婴儿理发的高超技术和良好的服务态度，10多年间免费服务了逾20万名婴儿，免费送出数万支胎毛笔。现在这项爱心活动已被北京市妇联认定为服务社会的公益项目。

这项公益项目也得到了众多新生父母的欢迎，很多新生儿家长除了理发服务，更希望把孩子的胎发做成纪念品，因为他们坚信这是一种亲情的传承。新生儿家庭对于公益项目的认同和对服务团队的认可，令爱百年公司生意蒸蒸日上。

2005 年，李伟在北京创建了国内最大的婴儿纪念品工厂，生产胎毛笔、手脚印，并创造发明了胎毛画、胎毛章、胎毛坠等多种婴儿纪念品，为全国母婴群体做深度服务。

多年的夙愿在事业的蒸蒸日上中圆梦，让多年沉浸在母婴行业中的李伟越发感受到母婴服务企业必须要有爱心、有良心。李伟也对自己能多年坚持着这份爱心感到欣慰，希望继续“将爱传递百年”。

妇联支持，月嫂培训，公益讲堂

2006 年，女儿的出生让李伟真正体验到了作为父亲的喜悦。他的家庭也在聘请月嫂的过程中费尽周折，李伟深刻体验到了月嫂市场的混乱和月嫂素质的参差不齐。

怀着对新生儿深深的爱，李伟找到北京市妇联，希望能为月嫂这个服务群体进行公益培训，为母婴行业输出经过正规培训、有专业素养的月嫂。这个想法获得了北京市妇联的大力支持，并安排对接了培训教师、场地以及专家的多方支持，让李伟开设爱百年月嫂公司，能为北京市提供合格的母婴护理服务员。

八年间，爱百年月嫂公司与北京市妇联合作培训了合格月嫂 3000 人，为北京两万个母婴家庭提供了质高价廉的月嫂服务。

2009 年，李伟出资与北京市妇联妇女儿童发展基金会合作成立母婴服务公益项目部，联合乐友、红黄蓝、小鬼当佳等实力雄厚的企业共同涉足公益事业，开设母婴公益大讲堂，至今已成功举办 300 场，让 30000 个母婴家庭受益；并同步印制《中国母婴服务》80 万册，免费发放给北京孕产妇人群，科普母婴知识。

公益路上无尽头，李伟拿出了公司所有利润做公益，发现不够的时候，他坚决卖掉一套房子，继续做公益。 身边很多人骂他傻，他就傻笑着说：“买房子的钱，是做母婴公司挣的，可以还给母婴。 只希望通过我的努力，让新生父母多学点知识，就多那么一个健康的孩子，我就心满意足了。”

北京母婴服务协会——大家选李伟做会长

李伟在母婴圈里是出了名的乐于助人，所以人缘很好。2014 年他联合多家母婴业界知名企业，发起成立了北京母婴服务协会，大家一致推选他做会长。

李伟更忙碌了，他常说“人不说能力大小，而应该自认为责任的大小”。李伟认为会长责任很大。

李伟和中国母婴产业创新联盟理事长何界生

按照为政府排忧解难的目标，协会针对母婴行业现状，申报并出色完成了10余项政府项目。制订贯彻了多项母婴服务标准，加强了行业自律，规范了母婴服务市场。母婴服务协会建会时就成立了党支部、工会。其党支部已连续三年被北京市工商联评为优秀党支部。

本着为会员服务的宗旨，北京母婴服务协会通过开展会员间的资源对接、项目指导、一对一帮扶等各种服务，3年已拥有500个企业会员。为了让100多家月嫂公司会员单位公平协作，2014年，李伟主动关停了自己年利润百万元的月嫂公司，把现成的客户资源分给了会员单位。

协同发展开先河，构建母婴产业新格局

二胎政策全面实施后，全国母婴产业发展态势良好，但因

缺乏合理统筹安排，地区各自为战，高新技术难以及时转化为母婴需要的产品和服务。

为解决这一难题，李伟两年来走访了全国 200 家母婴企业和机构，与政府主管部门、企业、研究机构、学校等进行多方沟通，最终于 2016 年 4 月在北京人民大会堂，发起并成立了中国母婴产业创新联盟。该联盟的宗旨是：致力于推动现代化母婴产业创新；助力和扶持众多母婴企业的健康发展；将名、优、新、特的产品和服务推介给母婴家庭。

中国母婴产业创新联盟成立大会在人民大会堂召开

从联盟成立一开始，业内的巨擘们就纷纷响应，乐友、丽家宝贝、红黄蓝教育机构等各界同仁及一批母婴产业领域有理想、有抱负的有识之士团结在一起，共同服务于中国母婴家庭，致力携手打造良好的母婴生态圈。

少年强则中国强，母婴不强何谈少年强？为了中国母婴行业更健康的未来，中国母婴产业创新联盟近期在国家卫计委支持下推出：母婴健康工程和母婴用品及服务优选计划项目，计划把优秀的民族品牌推向广大消费者。

李伟带着沉甸甸的民族情结，在北京人民大会堂庄重宣誓：不要让我们的民族品牌与国外品牌拼着品质的同时还要跟小作坊的产品拼着价格。

公益是一种精神，更是人世间隐藏的光芒。它消耗着人类的体力，却升华了人类的品格。

这个北京爷们不仅有一颗爱心，一颗为母婴服务的诚心，还有一颗回报社会的善心，这样的母婴公益达人，才是真爷们！

为母婴服务是需要很多的人力和物力以及资金投入的，李伟告诉笔者："我已经做好再卖两套房的准备。"

笔者在李伟身上仿佛看到了散打运动员的特质：用腿来控制距离，最大限度地控制拳头方向。面对对手摔法要狠、快、准，尤其是接腿摔。这骨子里的拼劲让李伟在散打生涯中收获了成功；当然，对于母婴事业，他也毫不逊色。

三门阳光英语胡巧燕：
用英文阅读来连接小城孩子们的爱

挖掘三门小城最美的姑娘——胡巧燕。她留在家乡只想兢兢业业地做自己喜欢的事情，把教育作为自己毕生的情怀事业。她喜欢用这样的方式在小城与所有的孩子无缝交流，陪伴这些孩子度过可爱的童年。这个姑娘是笔者最好的朋友，也是笔者人生路上最清晰的灯塔。愿她在三门小城越来越好。

笔者的脑海里有无数次想写下这个人的冲动，但却总无从下笔。当你的精神和情感被驯服同化后，已经无法用言语启迪她的一切。其实我们经常都会对身边太熟悉的人回应的时候总在行动上慢半拍，就仿佛面对一座

阳光英语创始人胡巧燕

万仞高山，我们常常讶于奇观，目瞪口呆。

自然，她是一个小人物，却是这个小城里5000多名学生记忆深刻的别样老师。学生们说，她不是“老师”这两个字所能概括的。她叫胡巧燕，三门阳光英语的创始人，大家都亲切叫她“KK老师”。

“阳光英语”在匆忙中成长

2008年，胡巧燕大学毕业后受家人所托给一个宁波镇海中学的学生辅导英语，经过一个暑假的辅导后，英语零基础的学生成绩一下子跃居全班第一。学生家长开心坏了，在这个沿海城市对教育的重视和执念，让胡巧燕的教学口碑迅速在整个三门小城传播开来，后又经他们介绍该校整个年级段90%的三门籍学生都慕名要找她进行英文辅导。

这可把胡巧燕吓坏了，这么多学生哪教得过来啊？再说自己也不是专业全职老师，根本没有这个能力教好他们，误人子弟可不是开玩笑的事情。她试图婉言谢绝，但是学生们的热情却一潮比一潮高。学生家长更是多次踏入她家拜访，并试图通过胡巧燕的家人来说服她对这些学生进行英文辅导。

正在胡巧燕愁眉苦脸之际，她的妈妈一言叫醒了梦中人：“你能通过一个暑假就把孩子的成绩拉到全班第一，说明你是有实力的。再者你大学学的就是英语专业，刚好可以物尽其用，为何不开个英语培训学校呢？”胡巧燕恍然大悟，是啊，从事教师职业也是自己多年以来的梦想，不尝试下我们永远不知道自己的能量有多大！ 经过几个晚上的辗转反侧，胡巧燕决定开办一所英语培训学校接纳这些热情的家长和孩子们。

心动不如行动，胡巧燕迅速在三门小城租了一间300平方米左右的临街商铺，开始了“阳光英语”培训学校的教育征程。 学校初建，就招来了80多名学生，胡巧燕忙得不亦乐乎，每周末的开课，让受教的学生在班级里的英语成绩突飞猛进，甚至高达50%以上的学生从中等水平进入年级段前十。

2014年8月，由中国关心下一代工作委员会主办的第七届“童声台奖”全国少儿英语全能大赛上，阳光英语的6位学生经过从县到市再到省的层层选拔最终代表浙江省参加全能王总决赛，参赛学员用标准的发音、抑扬顿挫的语调和丰富的舞台表现力演绎出了一个个精彩的英文故事，并荣获了3枚金牌、1枚银牌、2枚铜牌的好成绩，让三门县成为本届英语大赛最具实力的赛区。

第七届“童声台奖”全国少儿英语全能大赛

2016年，在由中央电视台主办的“希望之星”英语风采大赛上，阳光英语的学员陈玥元获得了三门赛区总决赛初中组第一名，并获得了浙江赛区初中组二等奖的荣誉。张含烁同学也获得了希望之星三门赛区小学组第一名，以及浙江赛区三等奖。

阳光英语的学子们在胡巧燕的带领下犹如雨后春笋般迅速成长，不仅自身的英语成绩大幅提高，更提高了对英语学科的兴趣和热爱。

她贯穿了学生的整个童年时代

英语成绩的提升并不足以让学生对胡巧燕产生浓厚的感情，这个年龄段孩子的世界是非常敏感和脆弱的，他们在家长和学校老师对成绩的期盼中经常会觉得不快乐。

但是胡巧燕的亲和力和感染力迅速让她和学生打成了一片，于是阳光英语就成为他们寻求学习之外的快乐发源地。对于周末英语培训，孩子更看重的是能和KK在一起快乐地学习，因为她给这些学生的充实感是无法用语言表达的。

在送走第一批阳光英语培训那些即将毕业离开小城的学员们的时候，大家喜欢到胡巧燕到什么程度呢？已经毕业工作的金函冰回忆：在上最后一节英语课的时候，接学生的家长在外面等了很久，学生们都不愿意走。家长跑进教室催了好几次，学生还是不愿意走。这时候胡巧燕的手机铃声响起了

“童话”那一首歌，全班同学都哭了起来，并开始唱起了这首歌。在歌声里，胡巧燕默默地转过身去擦黑板，泪如雨下。

胡巧燕和学生陈秀雯

已经离开三门小城许久，在外上大学的陈秀雯表示：KK 老师是一直出现在我日记里的人。在我上小学的时候，遇到了如阳光一般的 KK，她不仅教给我知识，还鼓励我积极参与并勇敢地表达出对于很多事物的看法。那时候补习课上完，我胆子小，害怕一个人回家，KK 就每天推着电动车送我回家。每次到家站在阳台上看着 KK 离去，我的眼泪就泛滥成灾。

她贯穿我幼稚的童年时代，带给我很多快乐。现在步入大学生活，我依然在心里告诉自己：我唯一的梦想就是成为 KK 那样的人。我告诉自己：KK 都没有放弃我，我又怎么能轻易放弃自己呢?

据学生叶舒心回忆，胡巧燕的教学方式和学校里的老师不一样，她总是教学生不一样的东西。那时候在学校里，胡巧燕在学生面前讲得最多的一句话就是：one，two，three，action！那时候很多学生不敢表达自己的看法，也不够自信，胡巧燕却用独特的教学方法来激励这些孩子们，让他们敢说、敢做。同时还引进原版英文书籍，挑出主题思想让学员进行协作辩论，并倡导学员用思维导图的方式呈现出来，以成为学生对英文教育深刻的记忆点，激发学生的右脑创造力。

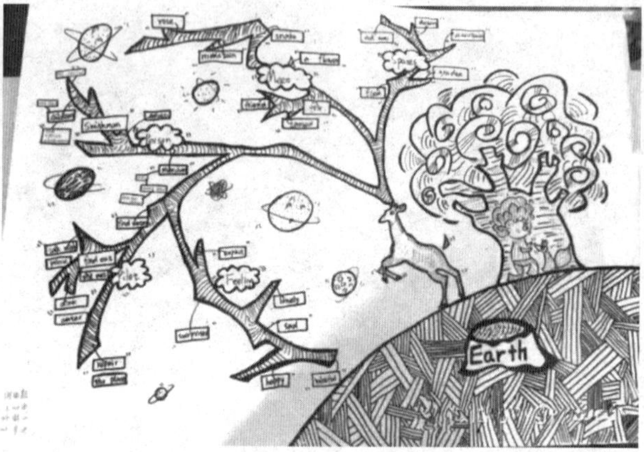

胡巧燕设计的思维导图

而启用思维导图来强化学生的阅读理解能力，也是阳光英语区别于其他培训学校的优势所在。胡巧燕倡导学员通过思维导图的呈现让孩子提升了思维能力和创新能力，除却英文阅读能力和应试能力的升华，学生在即兴演讲、数学计算和语文写作上等其他方面也都得到了相应提升。

“一句适当的反问，一言恰如其分的攻击，一个到位的语气词，就可以看出孩子们的成长，不是只在进行一场辩论赛，而是在享受一场身心的施展。”阳光英语联合创始人吴芳芳表示。

通过各种各样的互动活动来提升英文阅读能力是阳光英语学校的特色。在胡巧燕的带领下，英文绘本配音活动、英语辩论赛、万圣节派对、圣诞节阅读大赛和夏令营活动等让胡巧燕和学生们的距离越来越近，“亦师亦友”成为她和学生们的相处标签。

就读杭州某国际高中的学生叶舒心表示：上了这个高中以后，发现这里非常注重学生的表达能力、自信力以及组织能力。我才发现KK教给我们的不只是英语知识，她还从很多方面提高我们的学习能力和创新能力，她的教育理念很国际化，在当时的三门小城是很超前的。她并不局限于英语语法的理解与运用，更注重学生的素质发展，这样的教育理念对我们自身的发展起到了重要作用。

英语教育的本质是回归阅读本身

胡巧燕坚持认为提高英语成绩不是唯一出路，灌输英语教育的根本需要用阅读来建立学生的创造性思维和批判性思维。所以她对英语教学设定的终极目标是：通过阳光英语的教学把英文阅读推广给所有的学生和家长，帮助三门小城的孩子提升英文阅读能力。

为此，2015年阳光英语就启动了打造“英文读书角”的计划，要求每个学生每学期阅读5～10本英文原版书。同时，阳光英语又引进了英语在线阅读APP，APP中不断上传更新适合各个年龄段的英文绘本/英文动画/分级读物，并一再强调语言学习中磨耳朵的重要性，并使磨耳朵的工作从每周例会到教师 KPI 考核中得到了落实，通过多方联动有效提升孩子们的阅读理解能力。

阳光英语老师合影

这个效果非常好，很多学员通过阅读打卡的方式一学期阅读了 50 本电子英文书，甚至有些学员在老师的辅助督促下能够达到阅读 100 本英文书，这无疑增强了老师的责任心和学生的互动性，也让学生的英文阅读思维能力和创新能力实现了深度融合。

正如在阳光英语学习过的学生陈莎莎表示：每个人都应该具有独立思考和独立判断事物真伪的能力，同时也应该具有怀疑的能力。 正是在这一个个饶有趣味又充满刺激的学习过程中，我们逐渐增长了见识，也逐渐懂得了如何去接近真理。

尼采曾经说过：重估一切价值，其“意志”是压倒一切的。 繁重的课程辅导和学校经营管理上的琐事经常让胡巧燕在送走学生后躲在窗台边哭泣。 但是擦干眼泪后的胡巧燕依然是那只快乐的小燕子，她用她的意志力承载着对英语教育的所有希望。更重要的是，她对教育承载了诺亚方舟寓言里最重要的那个字——“爱”！

公益是最无声的亮眼

2014 年，阳光英语在三门小城启动“免费午餐”大爱活动，通过自发组织募捐到 37000 多元，捐赠给中国社会福利基金会为一万多个贫困山区孩子送上一顿热腾腾的午饭。

著名教育家苏霍姆林斯基曾经说过：教育是一棵树连着另一棵树，一片云推动另一片云，一个心灵唤醒另一个心灵。

阳光英语在胡巧燕的带领下，经过近 10 年的发展，已为社会培养输出了 5000 多名学生。对英文阅读的热爱，对学生及家长的责任担当，也让胡巧燕在教育内容的完善和创新上丝毫不敢松懈，研究市面上的教材，寻找适合各个年龄段的分级读物，走访各个知名英文教育出版的总部始终是胡巧燕一直在亲力亲为做的事情。

当笔者问及胡巧燕未来阳光英语该何去何从时，她表示：“我希望阳光英语能带孩子走向世界校园，轻松融入当地课堂和文化。而我们这些教育者呢，则应该是在未来 10 年后越来越喜欢自己的模样。”

木玩世家何彬：
玩具文化产业里的偏执狂

一个人至少拥有一个梦想，有一个理由去坚持。在何彬身上，笔者看到了浙商的果敢和努力。木玩世家是三代传承的玩具产业，而何彬选择用自己的“创三代”精神努力地实现自己的商业梦想。木玩世家传递的是一种文化和精神，它不仅仅是一款木制玩具。心若没有栖息的地方，到哪里都是流浪。在未来，何彬的文化产业生态圈将在云和这个美丽的地方慢慢成长。

木玩世家创立于1973年，三代传承。从最早的“中国制造”起步，为国内外知名品牌做代工（OEM），到后来转型“中国创造”。何彬非常注重产品的创造性和独特性，除了深耕玩具领域，何彬做了三件非常重要的大事：2004年成立自主品牌，并且贴牌代加工和自主品牌两条腿走路；利用互联网打通产业渠道，享受了电商红利；触电动漫和影视等内容生产，实现玩具制造到内容制造的延伸。

何彬的世界：唯梦想不可辜负

何彬的木玩世界

何彬，颠覆了笔者对木制玩具的所有认知，除却“工匠、极致、细腻”，他还赋予了木玩世家灵动的生命力和饱满的情感。很多人会说：“木玩世家”不就是一个木制玩具品牌吗？ 笔者想说，它是，但也不是。

这一份祖辈和父辈传承下来的产业，历经三代人的洗礼，终于在何彬的世界轨迹里绽放，也成为他命里带出来的一份“根深蒂固”的事业。 这一块块小小的木制玩具，在何彬的打拼下，取得了年销售额 1.5 亿元的优异成绩。 而对于“木玩世家”所在的发源地——云和，用何彬的话来说：这片土地，我爱得深沉。

1973 年，木玩创始人何寿祯（何彬的爷爷）为了解决员工温饱问题，试制出第一批木制玩具计划去上海开拓市场。那个时候，云和很穷，交通非常不便，去上海都要三天时间，而且还需要介绍信。 何寿祯挨家挨户去敲门推销自己的木制产品，并成功拉来了第一笔 4000 元的大订单。

由于对木制玩具的情有独钟，何老爷子在 1984 年决定自己办玩具厂开始踏上玩具产业之路，起名振鹏。这是丽水地区第一家私营玩具企业，号称“万元户”。

20 世纪 90 年代末，已经成为外经贸局玩具科科长的何尚清（何彬的父亲）更是冲着对玩具的狂热，也正式加入玩具产业，和何老爷子齐头并进做木制玩具，1992 年，云和县和信工艺厂正式成立，和信得名：和气兴业，信誉至上。随着生意的蒸蒸日上，何彬从小在长辈的耳濡目染中对木制玩具产生了自己固有的兴趣。

玩具产业的迅速发展让越来越多的人瞄准了木制玩具产业，并让云和形成了完整的玩具产业链，成为木制玩具制造中心。但随着玩具产业竞争的日益加剧，和信的经营管理在上一辈手里出现了停滞现象，销售额从最好时期的 1800 万元降到了 500 万元。

何彬永远也不能忘记那年大学暑假回家，随手翻开茶几上的木制玩具企业排名录，发现自己引以为傲的家族企业已经排名在倒数页了，他内心五味杂陈：这口气一定要争回来！

从低迷到重振，木玩世家应运而生

2003 年，何彬 25 岁，他正式接手和信集团的玩具产业，开启了木玩世家的文化产业征程。在何彬的身上可以看到家族传承下来的一种“根深蒂固”的责任感，他把这种责任感和对文化产业的深刻热爱紧密结合，成就一份对事业蓝图的野心和期望。

和信集团

2003年电商兴起，那时候SARS盛行，很多玩具工厂生意低迷，各种展会都非常冷清。但是和信工厂却迎来了一波又一波客人来厂参观下单，何彬通过线上电商交易的方式轻松做到了全年2000万元的销售额。这一切源于1999年，何彬在上大学的时候就开始接触马云的阿里巴巴。在他人还没触及电商商机时，他果断地让和信玩具入驻阿里巴巴诚信通会员，通过线上下单、线下参观验厂的方式，成就了一笔又一笔订单。

赚到第一桶金让何彬有一种劫后重生的感觉，他没有让自己的家族失望，完美地传承了创三代的拼搏精神。但是对玩具产业的商业野心让他不止于此，在其他玩具工厂在给国外品牌做代工的时候，何彬开始居安思危，在他心底早已种下了另一颗种子，那就是在最好的时代做属于自己的品牌。他深感玩具产业需要拥有自己的品牌故事内核竞争力，不必去为他人做嫁衣，于是木制玩具品牌“木玩世家”由此诞生。

又一次战略远见让何彬再一次收获了事业上的成功。

自主品牌的创立对何彬来说压力是巨大的，“敢为人先”也让何彬对“木玩世家”呕心沥血。2006 年木玩世家迅速在线上蹿起，成为第一个玩具淘品牌，何彬也由此和马云合影留念，那时候的他非常青涩帅气。

何彬和马云等人合影

除却线上大力售卖，线下实体渠道也开始布局，木玩世家在一线城市商超专柜展示售卖，生意一度红火，平均一个店专柜每天交易额能做到三四万元。鼎盛时期，木玩世家单单在上海就开了 30 多个专柜。

一线城市做展示售卖，二三线城市做加盟，木玩世家发展迅猛。2008 年，母婴门店如雨后春笋般兴起，何彬又开始迅速转移渠道布局，停掉加盟批发策略，把品牌植入母婴门店，布局母婴实体渠道矩阵。2010 年，木玩世家木制玩具在全国遍地开花，品牌知名度响彻一时，销售额更是节节攀升。

工匠精神犹显，注入极致文化理念

2011 年，中国的玩具产业又一次遭受到经济冲击，随着欧美经济发展的不景气，玩具订单遭遇滑铁卢，同步的玩具自主品牌已经失去了最好的宣传时间，已经不能再满足商业发展的需求，而众多消费者的心里依然被国外品牌所占据。这让何彬非常着急，除却木玩世家，中国五千年的文化沉淀是需要被传承的，而玩具产业的内核是和中国文化相融合的，应力争让民族品牌更好地植入消费者心中，成为一种文化精神寄托。

“很多人认为玩具是一个舶来品，其实我们的玩具文化，在我们的民族属性里可挖掘的东西很多，我们有使命感。再从另外的一个层面来讲，木玩世家承载了三代人的希冀，我的爷爷和父亲教会了我如何做生意，也教会了我的资本体系运作和知识的沉淀，这些都成为我日后为人处世的道理。这种中国传统家庭商业沉淀的精髓完全可以提炼到木玩世家品牌里，也是我希望木玩世家呈现的品牌性格。”何彬如是说。

木玩世家的品牌沉淀

于是何彬在产品打造过程中，衍生出“比好、全家欢、管乐拼装、爱木、木木部落”等多个子品牌系列，再加上被授权品牌“费雪”及《嘟嘟镇》动画片衍生品系列，和信旗下共有两百多款木玩产品。而木玩世家的真正产品理念是“匠心、童趣、爱家”。

品质一直是其追求的核心关键词，用一颗匠心去设计、生产玩具，严格把控质量及玩具的内涵，此乃“匠心”；玩具最基本的一个要求就是让孩子们的童年锦上添花，拥有更多的乐趣，在享受快乐的同时，身心也能茁壮成长，此乃“童趣”；“爱家”，也是木玩世家一直倡导的“陪伴”理念，希望家长们能多抽一些时间陪伴孩子的成长，让玩具作为一个特殊的桥梁，让家长走进孩子的世界。这样的民族品牌理念阐析深受消费者的喜爱。

说到民族品牌，何彬总是滔滔不绝：“到了我们这一代，民族品牌已经过渡到创造这个阶段，我们这一代人有义务和使命把玩具产业带到全球去，我们必须要在全球市场创造呈现自己的机会，让民族品牌走出去。”

2013年。“裸奔”的小工厂奔着低价冲量的目的，以出厂价售卖劣质产品，将淘宝上的积木品类搅得一团糟。除了一部分对于品牌有强烈认知和认可的消费者，绝大多数消费者在尝试网购积木玩具后都给予了较低的评价，客户对品牌的信任度降到零，线上的积木市场一度低迷。而木玩世家的电商团队也随波逐流，一味降价、增加低价产品，以保证销售数据。何彬坚信品质是长久立足的根本，绝不是走低价竞争的道路。

于是何彬对电商团队进行了大换血整顿来“剔骨疗伤”，整个团队重新回归产品研发和质量创新的局面，也让木玩世家重新获得了消费者的青睐和认可。

从玩具产业到文化艺术生态圈的完美转型

截至目前，和信集团拥有很多国内外知名品牌的OEM合作客户，而旗下品牌木玩世家也拿了很多德国、欧美大牌玩具的国内总代理，并于2014年拿下了全球最大的玩具集团——美泰旗下的“费雪”木制玩具品类授权，成为中国大陆唯一一家费雪木制玩具品类的被授权商。这些对品质要求极其苛刻的国际大品牌之所以选择和木玩世家合作，除却质量和生产力是他们首要考虑的因素，木玩世家对全球家庭文化的责任感是他们做出选择的决定性因素。

作为一个互联网基因浓重、具有全球商业思维的人，何彬的骨子里有着浙商的执着和果敢，他把生命和所有的兴趣点都融入了玩具产业里。这种精神是其他品牌所不能匹敌的。

2017年11月，一年一度的云和木制玩具节如期举行，何彬给这次玩具节注入了更多的“新血液”，他邀请全国各地的玩具供应商50强和玩具协会前来参观调研了解，借此机会进一步提升云和的玩具产业在国内的知名度。

何彬告诉笔者：“这一路的传承，我们都在顺应时代的发展，往更好的方向走。未来是未知的，每一天都在不断地发生变化，我一直认为机遇与挑战是并存的，发展瓶颈也许就是契机，正如我们定义的 2018 年关键词——‘顺势而为’。”

木制玩具本身的材质相对于金属、化工材料，对宝宝而言一定是更安全、更温润的。但是材质本身的可开发性相对于纯塑胶产品一定没有那么高，有一定的局限性，虽然受众者是低龄孩子，但是木玩世家还是要把玩具教育做到极致。

唯“木玩世家”不可辜负

近两年，木玩世家的团队着重把握玩具的“智能化”，线上开发了自己的 APP，与教具结合，让木制玩具更具有可玩性，还联合幼教机构，进行玩具赋能，让孩子们通过人工智能，在玩具的引导下使身心得到更好地发展。

除却线上布局，木玩世家还布局开设线下加盟体验店，能让孩子们和家长们实实在在感受到木制玩具的高品质体验，玩得更放心和开心，同时通过场景化体验和营销，让木玩世家的品牌知名度获得质变的提升。

云和这片热土让梦想回归

何彬深爱云和这块热土，除了木玩世家玩具产业，他真正的梦想是布局文化艺术生态圈，让自己的玩具企业成为一家知名的文化企业。当然，人们常说“用实力让情怀落地”，而何彬的这份情怀就是对木头的热爱，从他一出生就和名字里的“彬”一样注定了这一生要和木制玩具结缘。

和信艺术大楼

小时候的何彬经常待在家里的玩具房，每天和各式各样的木制玩具打交道。甚至在他7岁的时候，自己设计了一个火车头玩具，父亲看到了让设计师加以润色，并拿到了省里的金奖。25岁匆匆接班，创立自主品牌木玩世家，何彬将木制玩具结合动漫、幼教、旅游、农产品而衍生出更多丰富的产业，其实都是为了让木玩世家、让木制玩具有更丰富的内涵和更多的附加值。这个不安分的年轻人，一路走来始终牢记，要做一个踏踏实实的“木头人”，用他的实力使木制玩具产业情怀真正落地。

在何彬的身上，笔者看到了一颗感恩的刚强的心，同时也发现他是个极具野心的创三代。他愿意摸着石头过河，愿意去碰钉子，哪怕浑身湿透抑或头破血流。

但是在最后那一刻，他总是微笑地归来，骄傲地诠释：梦想，我不负此行。

优茁赵天星：

因为妻子一句话，他做了一款“唯爱而生”的母幼健康食品

赵天星出身“富二代”，同时也是“创二代”。留美归国后，他告诉笔者：“人生不能没有故事。”于是在地产行业收获成功后，他把目光瞄准了情怀创业——母幼健康零食产业。

赵天星和石川为了打造成功的商业模式，历经半年调研，查阅1000多篇期刊论文；为了找到最好的原材料，寻访超过120家原料供应商和20家优秀工厂；为了制作精良口感的产品，先后尝试90余种原料，打样超过20多次，测试配方100余种；为了组建超级棒的团队，审阅了3万多份简历，并多次奔赴北上广，仅一个职位就面试不下100人。这样的团队和这样的基因进入母婴行业，真正可以让行业变得更强大。

你了解自己的妻子和孩子每天吃进去的零食有多少添加

剂、香精和色素吗？ 笔者思量你们一定不知道。 我们总以为蔬菜洗干净了或者烹饪后就可以使用，美食伴随着地沟油会变得更美味，至于到胃里后会产生什么样的化学反应，估计很多人都不关心。

随着社会经济的迅速发展，人们的消费认知越来越清晰，食品安全问题成为老百姓必备话题，特别是针对孕妇和孩子。我们终于深刻意识到：不要让自己的妻子和还在母体里的孩子变成一个慢性病变体。 上帝让我们的下一代成为一个有实力的人，而不是一个漂亮的布娃娃。

这个厚重的年轻人告诉笔者：人生不能没有故事

2007 年，赵天星从华中科技大学毕业赴美国加州州立大学留学 MBA，随行的还有他的妻子冯娜。 两人 MBA 毕业后，因为对中产阶级生活的向往让他们一度思考要不要留在美国生活，他们非常相爱，还有两个可爱活泼的孩子，一家人其乐融融，那时候的他们一度认为：留在美国是他们最好的选择。

优茁创始人赵天星

但是年老的父母在国内对他们甚是想念，外加家族产业的传承问题让赵天星的心里有一种“根深蒂固”的家族使命感和责任感。2011 年，赵天星选择和妻子回国继承家业。

当时家族地产生意在河南安阳做得风生水起，但是赵天星看到了地产行业在未来走势上的变化，他深感 10~15 年后房地产行业将会触碰到“天花板”，作为中国地产行业的小开发商，如果想要突围，想要在未来有差异化的核心竞争力，必须转型产业运营商和服务商。

于是，赵天星成立了云谷科创公司，并将其定位成专注于产业园区建设运营的企业，公司长期致力于企业孵化、股权投资以及产业平台构筑，集团产业全力在“产业园——飞地经济——特色小镇”模式中探索创新。这次战略转型让赵天星享受到了地产红利，中德产业园、金水（获嘉）产业新城、金水·修武电子工业小镇等多个项目在赵天星手上开枝散叶。

中德产业园

作为河南享誉盛名的中德产业园占地约 500 亩，已完成招商入驻230余家企业，2017年全年接待300余次同行及政府的参观考察。中德产业园除了为企业提供生产、办公、仓储及科研场地外，还帮助企业进行48种全面资源对接（包括政策对接、法务咨询、金融服务和税务资源托管等），让企业专注研发、生产和销售，“与企业共成长”是公司一直以来所坚持并努力的方向。2016年8月，赵天星又带领团队进驻文化产业建设，与陕西知名的文旅小镇——袁家村进行合作开发，全面打造同盟古镇袁家村文旅小镇，项目占地面积2000亩，计划在2018年11月正式开街。

妻子的一句话，点醒了他内心对大健康文化产业的渴望

产业园区的整体服务解决方案作为一个成功范本让赵天星在地产行业名声大振，但是在他心里，总觉得少了点什么！他多次跟妻子冯娜说道：“回国后，我本意就是想实现自己的人生理想和抱负，不能让我的人生缺乏故事。除了家族产业，我应该有一份感兴趣的事业。”妻子微笑地回答他：“如果是自己想做的事情，就去做，我会无条件支持你的。”

赵天星和妻子冯娜

2016 年妻子怀第三胎的时候，原生坚果的口感带点苦涩总是让妻子肠胃阵阵不舒服，孕吐反应强烈。而市场上大多数的零食都有各种各样的添加剂，孕妇零食更是少之又少。每天看到妻子在孕期的难受反应总是让赵天星如坐针毡。因为前两个孩子是在美国出生的，美国的饮食相对更科学营养和健康，针对孕产妇的食品和服务更为完善。而在国内，如果想让妻子吃到安全健康专业的孕妇零食必须要从国外代购或者海淘。

这让赵天星非常苦恼：为什么我们自己不能生产一款安全健康营养的宝妈零食，让孩子在母体中就能吸收健康营养，让女性在怀孕期间不会出现因不当饮食引起的肥胖和体质虚弱。

当他把这个想法告诉妻子的时候，妻子说道：“我们回国想实现梦想，但是梦想不只是自己获利，除了家庭责任感，我们还应该有社会责任感。”

妻子的一句话点醒了赵天星，在这个七尺男儿的心里，家庭对他来说着实重要。小时候因为父亲事业的忙碌，没有太多的时间陪伴赵天星，在他幼小的心灵里对亲情有着无比迷恋的期盼。所以在结婚后，他无论多忙碌总是坚持每天晚上和家人一起吃饭，周末的时间永远雷打不动地陪伴着孩子，以至于在孩子的眼里，他不是一个爸爸，而像是个大哥哥。

为了能生产一款健康安全美味的母幼零食，赵天星知道光自己还不够，必须要找到一个专业的团队来实操这个创业项目，于是他瞄准了自己多年相识的好友：毕业于华南理工大学食品学院，先后在可口可乐、宝洁、达能等世界500强企业有丰富工作经验的石川来操盘这个项目。

工匠精神逆袭：用细密的筛子筛出细腻的沙子

2016年8月，赵天星约石川合计创业，如今石川回忆起这场饭局依然历历在目："第一次听赵总说这个项目的时候我其实是很惊讶的，国内孕妇零食市场上产品品牌特别少，受众群体也比较小众，普及度更是低窄。作为一个快消品从业多年的老兵，我是极力不赞成的。因为做这样一款产品意味着消费者教育成本是非常高的，而且成功概率都是很低的。"

但是当赵天星说出自己做母幼健康零食的时候，是希望中国能出来一个优秀的国产品牌让中国的宝妈和孩子享受到健康安全的饮食生活时，石川是非常感动的。因为那时候，他的妻子也刚刚怀孕，处于孕期身体变化中的妻子经常因为找不到优质的营养食品而苦恼。

共同的感触和境遇让两个男人决定挑起这创业的大梁。

他们发现母婴食品市场前景确实可观：其中母婴产品零食市场在2010年的基础上增长了256%，到2015年年底已经达到4840亿元，年均复合增长率已达29%。这一增长的主要推动力除了不断增长的人均收入和消费能力，人们会花更多的时间和精力去选择更高质量的健康食品外，更重要的是新生儿人口的增加。从新生儿市场承载量来看，2017—2020年，每年新生儿数量预计将超过1800万，届时“90后”年轻妈妈和数据庞大的新生儿将成为母婴食品市场的主力军。

赵天星和石川两对夫妇

市场调研是件非常琐碎而忙碌的事情，为此赵天星和石川一起翻遍了1000多篇国内期刊网与孕妇相关的营养论文和食品报道，并从同学和朋友的多方信息渠道里调研国际国内的品牌营养食品，发现中国女性在孕期的营养摄入情况确实有待改善，特别是维生素、微量元素和优质蛋白质的摄入达不到国家标准。

这样不分白天黑夜的努力，最后锁定了生产优茁妈妈坚果棒和蛋白棒。在前期的产品研发阶段，石川找到他以前的同学，华南理工大学博士毕业，并且两次赴美深造的王超博士（现任职暨南大学食品科学与工程系教授）及其团队进行产品开发，在王超团队的倾力协作下，先后尝试了90余种原料，打样超过20次，测试配方超过100种。在工厂的选择上，石川带领团队拜访了国内大部分能生产目标产品的工厂，并且在每家工厂反复打样调整，寻找最适合批量生产的工艺和设备。为了做出自己心中的理想产品，整个团队在淘宝、亚马逊等所有网站在全球范围内寻找各种棒类产品，全部买到公司来进行试吃和对比，为此石川还笑言：“目前我们公司可能是收集全球棒类产品最全的公司了。”

作为一款母幼营养健康零食，优茁妈妈坚果棒出身不凡：柏思芙德公司经过多轮的沟通最终和厦门良一合作，此公司为国内优秀的食品供应商，同时依托源自日本的研发团队，自身也具备很强的研发能力。良一工厂除了国内的必备资质认证以外，更是通过了 HACCP、BRC、FDA 等多项国际认证。同时为了保证渠道供应量的高效畅通，柏思芙德选择和流程非常专业和规范，苹果公司以及雅培奶粉的物流合作商畅联物流合作。匠心打造的产品一定要配上独特精良的包装，为此，公司坚决要和肯德基及麦当劳的指定包材供应商合作，并且把高精度数码打印技术用到优茁产品包装中。

优茁妈妈坚果棒

“优茁妈妈坚果棒是一款兼具食品形态和有针对性营养补充的宝妈营养补充食品，它是经过国内外所有食品营养膳食标准对比后得出的黄金营养比例产品，产品里面的腰果、扁桃仁、蔓越莓都采用国外进口，并且对每一种原料进行非常严格的挑选。为了找到最好的原材料，团队共调研寻访了超过120家原料供应商和20家优秀工厂。仅蔓越莓这一种原料，团队就亲自试吃了超过20种规格的原料。我们这么辛苦付出和追求极致因为我们想给年轻妈妈最好的营养食品，让妈妈和孩子拥有健康强壮的体魄。”赵天星信心满满地说道。

优茁妈妈坚果棒和蛋白棒初具模型的时候，赵天星和石川带着团队开始了全国大撒网式的试吃和体验，为了找到最优的营养蛋白棒生产公司，得到专业公司的技术支持，石川奔赴上海和美国哥兰比亚营养有限公司进行了长达3个月的合作洽谈，从对方一开始的兴趣不大到最后被其精神和情怀所感动，这期间的辛苦真是让石川“如鱼饮水，冷暖自知”。

产品开花了，铁军团队从哪找

这着实让赵天星和石川非常苦恼，寻找优秀的人加入这家创业公司是最迫切的事情。于是团队通过猎聘网和智联招聘等专业网站，审阅了3万多份简历进行“大海捞针式”的寻找。2017年，石川奔赴北京和上海十多趟，就是为了寻找到优秀的团队成员。现在回忆起寻找电商负责人的经历，也是几经拜访，终于在多次通话和无尽的等待与沟通中，那位带领其所在店铺获得其品牌淘宝全网所有店铺销量排行第一的电商经理才被公司收归麾下。而为了寻找企业职位体系里至关重要的 HR 经理和采购经理，石川更是面试了不下 100 人。每个重要岗位的候选人都需要进行电话和面对面等多次沟通才能最终确定。

优茁团队大合影

笔者曾经问过赵天星：如此辛苦的去找人，用这种机械式的排查和傻瓜式的筛查，是否很有电商公司的基因味？

赵天星告诉笔者：创业都是九死一生的，在我们不够强大的时候，我们必须放下身段去寻找脾性相投的人。如果我们不对自己的品牌负责，谁又会来珍惜我们的品牌羽毛？

2018 年，柏思芙德全力向妈妈食品、儿童食品方向进发，公司的目标是将优茁打造成为中国母幼健康食品专家。母婴行业有情怀的人很多，但是有情怀又有互联网基因的创业公司却很少，让情怀落地生根，让母婴事业带着温度前行，也许是赵天星和石川最想做到的事吧。

京正总经理杨红玲：

我们只是一家草根民族企业

京正自2003年创展以来，历经10余年的卓越发展，现已成为国内极具影响力的孕婴童行业盛会。它涵盖了全球范围的孕婴童全系列产品和最新技术，是孕婴童品牌推广、市场开拓、行业趋势指南和孕婴童商务贸易的专业化平台，更是孕婴童行业精英同人每年必聚的交流盛会。之所以想写京正，只因它不仅仅是一家展会公司。

京正目前集合了3000多家品牌方，50万母婴从业者，覆盖1500万母婴消费人群，并为他们推荐了不低于36万款SKU产品，最大的一次盛会更是承载了10万母婴从业者和消费人群。

一年前，初入母婴行业，第一次听说京正的口碑，是在贝贝拉姆创始人邢品玲的口中得知：只要京正邀约讲课，我会推掉任何行程安排，全力奔赴。

后来笔者无论到哪个城市出差，哪怕是在乡镇母婴调研，每每与厂商和平台商聊起最想把自己的产品推送到哪个展会时，他们无不竖起大拇指说“京正·孕婴童展”。

京正总经理杨红玲

成立于 2002 年的京正，至今已经走过 15 年的风雨，这是一个在行业非常有公信力和权威性的母婴展会平台。

截至 2017 年 6 月，京正集合了 3000 多家品牌方、50 万母婴从业者，覆盖了 1500 万母婴消费人群，并为他们推荐了不低于 36 万款 SKU 产品，最大的一次盛会更是云集了 10 万母婴从业者和消费人群。

无可厚非，京正为众多母婴企业创建了一个展示自我的平台，提供了走向世界舞台的契机，也为无数中小品牌带来了更加宽广的渠道和更加可观的销量，更将母婴企业的品牌精细化营销转化为成交量做到了极致。

它今日的模样总会让笔者想起“往叔夜之为人也，岩岩若孤松之独立。”虔诚又刚正，确是母婴行业的一股正流。

创于“非典”时期，成于持之以恒

初见京正公司的总经理杨红玲，就想起了曹丕的“有美以人，宛如清扬，妍姿巧笑，和媚心肠。”她圆圆的脸庞和弯弯的月眉给人以信赖和亲和。有人说礼貌像个气垫，里面可能什么都没有，却能奇妙地减少碰撞，杨红玲对一个前来采访挖底京正的笔者温婉谦和，让人肃然起敬。

京正・孕婴品牌标识

作为一个从京正初创就加入进来，到现如今依然不离不弃的元老级人物，杨红玲对京正的感情犹如一棵枝繁叶茂的参天大树，它临风而立，心神却根植在根髓里。

加入京正前，杨红玲在国企上班，从事展会速记工作，并获得了高级速录师称号，工作稳定又舒适。2003 年，在一次展会上和京正创始人邓正学的交流让她毅然放弃稳定的国企工作，她被邓正学身上的军人正气和雷厉风行的风格所吸引，面对他的盛情邀约，他们迅速组建了会展初创团队，走上了母婴会展宣传平台的征程。

但是公司初建没多久就迎来了北京“非典”的肆虐，偌大的北京城仿佛是一座空城，老百姓都不敢随便出门，街上行人寥寥。而当时的京正第一届孕婴童展会把时间定在了 6 月，外地的品牌商不敢进京，展厅也不敢在这个时候租赁给京正做活动，让准备大展拳脚的京正骑虎难下。

是要放弃还是延后继续，高额的房租和员工工资让这个初创公司捉襟见肘。公司的每个员工每天都在翘首盼望，这让杨红玲焦头烂额，她尝试和邓正学沟通放弃这次会展，表示“非典”也不知道什么时候能结束，不能遥遥无期地等下去。但是被刚毅的邓正学否定了，他说：“创业不易，第一次办会展就遇到天灾没办法。但是我们必须要坚持下去。这样吧，我再拿出 20 万元来给员工发工资，让他们不要担心，好好准备着。”

2003 年的 20 万元不是一笔小数目，却让京正度过了褥褓期最艰难的时刻。

就这样，第一届京正展会从 2003 年的 6 月延到了 10 月正式召开，杨红玲带着团队连续熬夜一个月，通过妇联和杂志、广告等方式进行全国招商，拉来了 49 个母婴品牌方，连续 3 天的人流量达到了近万人，在早期的母婴行业引起了重大反响。

首战告捷，京正在母婴圈开始小有名气。导致在第二届展会还没正式开始招商，就有全国慕名而来的厂家开始主动报名，甚至有新疆的品牌方不远千里赶过来报名，他们通过京正这届展会获得了品牌

京正·孕婴童展火爆现场

知名度的推广也成交了丰厚的订货量。

京正做展会的名气越来越大，也吸引了跨界品牌方的注意，他们纷纷出高价位来购买展位，但是被京正创始人邓正学婉言拒绝了：“京正是母婴产业嫁接渠道信息的平台，它专注于为孕婴童品牌做展示和推广，做好他们的服务对我们来说任重道远，意义深刻。”

于是，从一年一次到一年两次融汇中国南北的京正母婴展会如火如荼地发展壮大，从一开始的500平方米到现如今的几十万平方米世界级展会水准，让京正在全国名声大振，母婴人以能站在京正展会做品牌展示为傲。

现如今，每年两届的京正母婴展不用刻意招商就可以收获很多品牌方的展位疯抢。展会成功的喜悦让京正收获了3000多个品牌方的青睐，但是邓正学却居安思危，他把京正定位为“草根民族企业”：我们必须要时刻保持危机感和创新力，母婴市场潜力巨大，但是能做好却困难重重，于是为了迎合时代的需求，我们一直在思考如何把企业服务精细化运营做到极致。

反脆弱原理：企业需要平台精细化服务

说说反脆弱原理：每一件事情都会从波动中得到利益或者遭受损失。脆弱是因为波动和不确定而遭受损失，反脆弱则是避免这些损失，甚至因此获利。以反脆弱的方式建立各种矩形方阵，可以避免战略预测误差，不受不利事件的影响。

京正在发展壮大的同时，如何把品牌和渠道资源整合起来是杨红玲一直在思考的问题，她决定把反脆弱原理运用到京正的企业发展规划里。为了能了解品牌方的深度需求，杨红玲带着她的团队经过一年的时间，调研上千家品牌方对渠道宣传和营销的需求，从消费者需求角度出发，结合品牌方自有资源的市场利基来为企业进行平台化服务，打通渠道闭塞和品牌营销的 O2O 任督二脉。

于是，京正在立足展会渠道营销的同时，于 2008 年同步大力推进婴雄会、出国游学访查和集群化企业座谈会等板块，深入了解母婴企业自身的发展需求，进行一对一深度服务的品牌营销服务。

2008 年初，河南郑州婴雄会第一站就大放异彩，800 个母婴人齐聚一堂，众多企业、渠道商、经销商会聚于此，通过名师演讲母婴实战案例拉近品牌方和渠道商的距离，对服务品牌进行全面了解和透析，提升了品牌合作率和订货率，这种有针对性的品牌婴雄会获得了品牌方和行业人士的一致认可。

杨红玲为此长年累月奋战在市场一线带着她的精干团队，截至目前，京正婴雄会已经走过 26 个省、58 个分站，使母婴品牌招商加盟、渠道货源、品牌推广等母婴企业的发展痛点迎刃而解。

作为孕婴童领域的鼻祖型品牌展览展示平台，京正始终以展会服务为核心经度，以婴雄会、企业游学访谈和企业座谈会对接等多个服务项目辐射纬度，经纬相接，使其在15年的经济发展变迁中屹立不倒，并众望所归。“让品牌方在京正这个母婴服务平台上达到它的需求，让零售终端的消费者在平台体验中更舒适放心，这就是京正的服务宗旨。”杨红玲如是说。

欢迎国际品牌合作，大力扶持国产品牌

自2013年以来，中国民族品牌的崛起让母婴行业刮起了一阵龙卷风，随着华为、老干妈、联想等品牌在国际上的声名显赫，让中国品牌迈向世界成为佼佼者已经是不争的事实，而母婴行业的清流品牌更是多方涌动。

京正在和国产品牌的共同扶持、共同发展的行进中“大刀阔斧”。其中，陕西做羊奶粉的品牌方和京正多年来一直保持多方位深入合作，品牌植入到京正每个服务板块，短短两年时间产品销量就从几百万元增长到了1亿元，目前已经准备在主板上市；而另一个成功案例当属北大毕业生王胜地卖房创业做纸尿裤，北京爸爸的选择纸尿裤在2017年的京正国际母婴展拔得头筹，仅一次展会就收获了600万元的纯利润。对此，爸爸的选择创始人王胜地表示：品牌营销路径很多，但是要找到跟自己脾性相投的合作方还是很重要的，京正就是其中之一。它让我们的产品在消费者、媒体和行业人士面前进行了360度无死角曝光，让我们一次性收获了几百家代理商签约合作订货，这是京正对国产品牌的大力支持，也是民族品牌走

向世界的一个好契机。

“服务和智能母婴是未来母婴行业品类发展最快的板块，深入了解国产品牌的历史，你会发现国外的月亮未必比中国的圆。目前很多国外品牌的产品配方是根据本国的母婴群体做定制的，国外的母婴品牌通过代购、海淘等渠道进入中国，经常会令中国消费群体产生水土不服的现象。就比如老外爱吃牛排和汉堡，中国人爱吃米饭和炒菜，饮食不同，体质不同，自身对营养的需求也会产生不同。同时随着越来越多的国产品牌坚持工匠精神，严把质量关，完善服务体系让中国品牌大放异彩，受到了越来越多消费者的欢迎。根据京正多年来和全国品牌商的合作检验所知，‘中国智造’的母婴品牌也许更适合中国母婴消费群体。”杨红玲对此有深刻体会。

对此，京正创始人邓正学表示：“在帮这些优秀的国产品牌做推广和服务的时候，我们本身也是自带傲娇民族情结的。我是军人出身，一直以中国人为傲。从2002年开始做京正，我就决定把京正打造成中国最大的母婴会展和品牌展示推送的资源整合性服务平台。做企业就像养孩子，我把京正培养到现在，正值壮年，这是身为民族企业的一种骄傲，所以我们会大力扶持民族品牌，荣辱与共，让他们走出国门，向世界舞台进发。”

据罗兰贝格最新公布的数据，到2020年，母婴行业整体规模将达到3.6万亿元，2015—2020年复合增长速度高达15%。面对高速发展的母婴万亿市场大蛋糕，如何解决竞争日益激烈、经营成本上涨、毛利快速下降、人员流动频繁、行业调控制约等母婴企业发展痛点，是每个母婴企业要思考的问题，也是母婴平台服务商迅速进行资源整合，以不变应万变，让创新和服务深入企业发展需求的良好契机。

也许京正只是一个服务展示平台，但是借助这个杠杆平台，它可以很轻松地撬动你的母婴事业。